Recrea Books
レクリエ ブックス

生活動作が楽になる!

高齢者のための機能向上レクリエーション

厳選
ゲームレクが
37点
オールカラー!

医療法人中村会　介護老人保健施設あさひな
認知症介護レクリエーション実践研究会
尾渡順子　監修

JN000091

世界文化社

はじめに

デイサービスや施設で働きながら、介護職として利用者の生活をデザインすることに興味を持ち始めました。「どうしたら利用者の生活の質を高められるか」「どうしたら利用者の生活意欲を高められるか」「どうしたら利用者の寂しさを払拭できるか」。考えているうちに、それは、なじみの時間、なじみの場所、なじみの人間関係を作ることではないか、「ここにいていいんだ」「みんなと一緒だと楽しい」と思える空間を作ることが大事なのではないかと気づいたのです。

以前、アメリカへ短期留学をした際に、「アクティビティディレクター」という資格を取得しました。それは日本でいうところの「施設ケアマネ」「レクリエーション担当」に該当します。「人間は死ぬまで楽しみを持つべきだ」と考え、「楽しみ」に対する強いこだわりを持つ人々が暮らすアメリカでは、州によっては長期ケア施設にアクティビティディレクターの配置を義務付けていました。レクリエーションの専門職が配置されていたわけです。

レクリエーションはともすると「子どもっぽい」と受け取られることもあります。それは「動機付け」がなされないからではないかと思うのです。レクリエーションを提供する側が「こういう目的と効能があるからちょっと体を動かしてみましょう」と理論を示し、「みんなでわいわい笑うだけで楽しいよね」と人が集まる意義を唱えることで、レクリエーションの時間は活きてくると思うのです。

本書は、「上肢」「下肢」「脳トレ」と目的別に3つのカテゴリーに分類し、利用者のいきいきとした表情とともに集団レクリエーションゲームを紹介しています。

日常生活では見られない利用者の素顔、緊張した表情、はじけるような笑顔がページのあちこちで見られる、「利用者が主役」のゲームレク本に仕上がっています。本書が皆さまのケアされる利用者の笑顔を1つでも多く引き出せたらとても嬉しいです。

最後に、撮影にご協力くださった社会福祉法人興寿会　特別養護老人ホーム興寿苑、老人デイサービス興寿苑、医療法人中村会　介護老人保健施設あさひな、えびすデイサービスセンターの皆さまに心より御礼申し上げます。

監修　尾渡順子

目次

肩腕指が動く 上肢を使う 7 レクリエーション

足がしっかり動く 下肢を使う 37 レクリエーション

頭と体をどちらも使う 脳トレになる 61 レクリエーション

本書に掲載の写真は、『レクリエ』2017年〜2019年の掲載時に撮影されたものです。

本書の使い方

左ページで基本のルール、右ページで実際のレクリエーションの様子を紹介しています。

レクリエーション

[ねらい]

このレクリエーションの目的や期待できる効果を示しています。始める前に参加者にねらいを伝え、動機付けに役立ててください。

[隊形]

理想的な座り方や並び方を示しています。参加者の人数やスペースに合わせて、最も行いやすい隊形で行いましょう。

配慮のポイント

うまく行うことが難しい参加者のためのサポートの仕方やアレンジ方法、気をつけるポイントなどを紹介しています。

[用意するもの]

レクリエーションをするうえで必要な道具やその作り方を、写真とともに紹介しています。

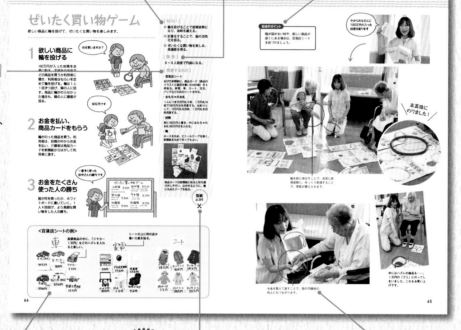

ページによっては、お題の例を紹介しています。盛り上げるためのちょっとした工夫を盛り込んでいますので、お題作りの参考にしてください。

型紙
p.000

絵柄が必要なレクリエーションでは、型紙を掲載しているページを示しています。

レクリエーション中の動作が、どのように機能向上につながるのか、期待できる効果を紹介しています。

型紙

レクリエーションに必要な絵柄などを掲載しています。使いやすいサイズにコピーして、好きな色を塗ってご利用ください。

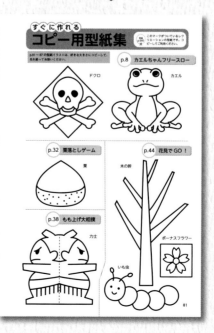

機能向上レクを効果的に行うコツ

できるだけ多くの人に参加してもらい、レクリエーションを楽しい時間にするためには
どんなことが大切なのでしょうか？　効果的に行うコツを尾渡先生に聞きました。

始める前に効果を伝えて動機付けを

レクリエーションを行うことが、どう生活に役立つのか、わかりやすく説明してから始めるようにします。腕を上げるレクであれば、「洋服を着る際、腕が上がらずつらい時はありませんか？　このゲームをすると、腕をスムーズに上げやすくなりますよ」と具体的に効果やねらいを伝えることがポイントです。

全員が理解して参加できるよう目配り・気配りを

一人ひとりとアイコンタクトをとり、語りかけながら進めることが大切です。何をしているかわからないと、疎外感を感じてしまうことも。聞こえているかを確認しながら、声のトーンや大きさを工夫したり、広い場所であればマイクを使ったりして伝えます。聴力が低下した方がいる場合は、介護者が近くに行って個別に伝えます。またホワイトボードを使うことも有効です。ルールが書いてあれば、忘れてしまっても思い出すことができ参加者の安心につながります。できるだけ大きな文字で読みやすく書きましょう。

手本を見せたり練習をしたりする

介護者がまず手本を見せることで、何をするかが一目でわかり、「何が始まるのかな」と、興味を持ってもらいやすくなります。また、参加者に練習してもらうことも効果的。コツをつかむまで練習してもらうと、自信を持って参加してもらえるので満足感も高まります。

待ち時間を少なくする工夫を

順番待ちの時間が長いと、集中力が切れて飽きてしまうことも。できるだけ待ち時間が短くなるような隊形や、参加者同士がよく見えるよう円座で行うなど工夫しましょう。2回戦、3回戦とできるようバリエーションを増やして行うこともいいですね。

気をつけたい**3**つのポイント

安心して参加できるよう安全を第一に、以下の3つの注意点を守りながら実施しましょう。

1 参加者が無理のない範囲で実施する

疾病や障害などで、行ってはいけない動作がある場合があります。実施するレクリエーションを選ぶ際に、**必ずリハビリ職などの医療職に相談します**。また痛みがないかやその日の体調を確認したうえで、無理のない範囲で行いましょう。

2 介護者は2人以上で

レクリエーションを実施する際、進行役とサポート役の2人態勢で行いましょう。参加者が多い場合はサポート役を増やします。**転倒や予期せぬ事故を防ぐために、十分な見守りが必要です。**

3 安定した姿勢で行う

参加者の足の裏がしっかり床についているか、**安定しているかを確認します**。床に足がつかない場合は踏み台を使用してもよいでしょう。車いすの参加者がいる場合は、なるべくいすに座ってもらいます。それが難しい場合は、車いすのブレーキがかかっているか、足の裏がしっかり床についているかを確認します。

加えて基本的な感染予防対策を

マスクの着用や室内の換気、レクリエーション前後の手洗いや手指消毒、できるだけ距離をあけて座るなど、**事業所それぞれの感染対策に従いながら実施します。**

肩 腕 指 が動く
上肢を使う
レクリエーション

肩から腕、指までの上肢全体をしっかり動かすレクリエーションです。上肢は、食事や排泄（はいせつ）、入浴、整容、衣服の着脱など、多くの生活場面で関わってきます。できるだけ大きくしっかり動かすことが機能向上につながります。

こんな動作を取り入れています

腕を上げる

指先を使う

腕を伸ばす

カエルちゃんフリースロー

ひもを越えるようにボールを投げて、点数を競います。

[ねらい]

● ボールを高く投げる動きが、着脱の動きの練習につながる。

● 競い合うことで高揚感を得る。

● カエルやハスを取り入れて、季節感を味わう。

[隊 形]

2人が横に並んで座る。

[用意するもの]

・的
ハスの葉の形に切った画用紙に、点数やドクロマークを貼る。

・ビーチボール
やや空気を抜く。カエルの絵を貼る。

・スズランテープなどのひも

型紙
p.81

1 ボールを投げる

介護者が床から120cmくらいの高さでひもを持ち、利用者はそれを越えるようにボールを投げる。

2 合計点を競う

1人3回投げて、ボールが落ちたところの点数の合計を競う。ドクロマークは0点。

100点です!

シャツを脱ぐ時に腕が上がるように、頭の後ろから高く投げてください

配慮のポイント

ボールがひもを越えない場合は、ひもの高さを下げて調整しましょう。

ひもを越えるようにボールを投げることで、着脱の動きに必要な上肢の筋力を鍛えます。

ドクロマークにボールが落ちたら、「初恋の人の名前は？」「職員の〇〇さんのいいところを3つあげてください」「透明人間になったら何をしますか？」などのインタビューをして楽しみます。

竹の子取りゲーム

竹の子に見立てた紙コップを棒で取って、後方のかごに入れるゲームです。

1 モールに引っかける

1人1本、棒を持つ。両手で握り、先をモールに引っかけて竹の子を取る。

2 かごに入れる

いすの背に取り付けたかごに、取った竹の子を入れる。制限時間になるまで1と2をくり返す。

◀できるだけ大きくゆっくり動かすとより効果的。

3 点数を合計する

制限時間になったら、かごを前に持ってきて利用者がコップの中の点数を合計する。点数が一番高かった人の勝ち。

10点だ!

[ねらい]

● 竹の子をかごに入れる動きが、着脱の動作の練習につながる。

● 点数を計算することで、脳の活性化を図る。

● 竹の子取りに見立てたゲームで、季節感を味わう。

● 偶然性を用いたどんでん返しを楽しむ。

[隊形]

円座になる。

[用意するもの]

・竹の子
紙コップに竹の子の絵を描き、上部にモールを貼る。

紙コップの内側には、1点、5点、10点のほかに、かぐや姫（20点）、泣き顔（－10点）を貼る。

・棒
新聞紙を細く丸めてとめる。取った竹の子が落ちてこないように厚紙でつばを作る。

・かご
両端にひもをつけて、いすにしばりつける。S字フックで引っかけるようにしてもよい。

棒の先にモールを引っかけて
竹の子を取ります。

配慮のポイント

かぐや姫（20点）や泣き顔（－10点）
が貼ってある竹の子が、かたよら
ないように並べましょう。

たくさん取った人では
なくて、合計点数が多
かった人の勝ちですよ

最初に介護者が、ホワイトボードを使って点数の
説明をします。取った個数で競うのではなく、偶
然性を取り入れることで不公平感をなくします。

取った竹の子をいすの後方のかごに持っていきます。
ひじを持ち上げてゆっくりとかごに入れる動作で、
着脱に必要な上肢の筋力を鍛えます。

片麻痺や腕が高く上がらない人の場合は、介護者がかご
を持ち、利用者の横で竹の子を受け取るようにします。

配慮のポイント

取った竹の子を後ろに強く投げる
人には、「後ろに強く投げると入ら
ないので軽く投げましょう」など
と声かけしましょう。

○○さんが
103点で
優勝です！

取った紙コップの内側に
書いてある点数を合計し
ます。計算をすることで
脳の活性化に。

全国温泉すごろく

温泉地をめぐる巨大すごろく。コピー用紙とスズランテープで作るすごろくは、好きな形に置けて収納も簡単！　お題を替えて何度も楽しめます。

1 サイコロを振る

床に温泉すごろくを好きな形に並べて、温泉地の書かれた紙の下の何か所かにお題カードを隠しておく。じゃんけんで順番を決め、サイコロを振る。

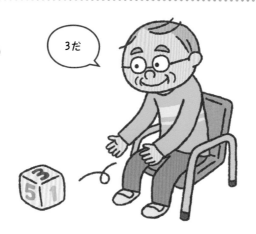

2 こまを進める

サイコロを振って出た数だけ、介護者がこまを進める。

3 お題を見る

こまが止まったところにお題カードがあれば、介護者が読み上げ、そのお題に従う。1〜3をくり返し、最初にゴールしたペアの勝ち。

[ねらい]

- サイコロを投げることで、上肢を鍛える。
- 偶然性を用いたどんでん返しを楽しむ。
- 温泉にまつわるゲームで、入浴への意識を高める。
- チームで行うことで、コミュニケーションを図る。

[隊 形]

2人1組で4チーム作り、円座になる。

[用意するもの]

・温泉すごろく
コピー用紙や画用紙に温泉地を書き、スズランテープでつなぐ。
・お題カード
「豪華料理が出た3つ進む」、「露天風呂でサルにまちがわれた4つ戻る」などの楽しいお題を書く。
・ペットボトルのこま
・サイコロ

ペアの片方がサイコロを投げます。交代しながら行いましょう。

出た数だけ、介護者がこまを進めます。温泉地の思い出を話してもいいですね。

3が出たので、鳴子まで進みました。鳴子に行ったことはありますか?

残念! 露天風呂でサルにまちがわれたので4つ戻ります。止まった地名の下に隠されたお題はおもしろい内容にすると盛り上がります。

着替えの服をぬすまれた
4つ戻る

最初にゴールに着いたチームが勝ち。

13

紙くださーいゲーム

トイレットペーパー芯を体の前、後ろ、横で送っていくゲームです。

1回戦

体の前で送る

ひもを前にして座り、トイレットペーパー芯を隣の人に送る。先にすべての芯を送れたほうのチームが勝ち。

ストッパーはこの位置に。

2回戦

体の後ろで送る

今度はひもを背にして座り、トイレットペーパー芯を隣の人に送る。

3回戦

体の横で送る

最後は縦に座り、右手でトイレットペーパー芯を前から後ろに送る。左手でも同様に行う。

[ねらい]

● トイレットペーパー芯を手で送る動きが、重心移動やおしりを拭く動きにつながる。

● トイレに関わるゲームで、排泄への意欲を高める。

[隊 形]

ホワイトボードの前に2列になって座る。

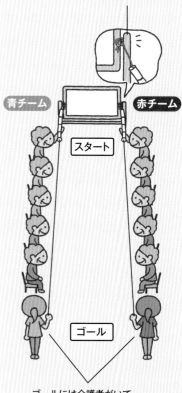

ホワイトボードなどにひもで結びつける。

青チーム　赤チーム

スタート

ゴール

ゴールには介護者がいてトイレットペーパー芯を外す。

[用意するもの]

・ひも
・トイレットペーパー芯
・ストッパー
・箱

トイレットペーパー芯を止めておく役割のストッパーは、クリアファイルを丸く切り、まわりに切り込みを入れて作る。

1回戦

まずは、トイレットペーパー芯を前にして、隣の人に送ります。

スタート側の人は、トイレットペーパー芯を手に取り、ストッパーを通して隣に送っていきます。

ストッパー

ゴール側には介護者が立ち、芯を受け取って箱に入れます。

上半身を大きく使って、腕を左右に動かします。

2回戦

次は、トイレットペーパー芯を後ろにして、隣の人に送ります。

背後で手を動かすことが、おしりを拭く動作につながります。はじめはやりづらくても、芯が手に当たると、自然に手が動いて隣に送れるように。

配慮のポイント

片麻痺がある人は、体の横で送る際、いすの位置をずらすなどして非麻痺側を使えるよう工夫しましょう。

3回戦

最後は、トイレットペーパー芯を片方の手で前から後ろに送ります。ひもを移動して、反対の手でも行います。

腕を伸ばして前から後ろに送ることで重心移動に。ひもを列から少し離すとより効果的です。

ねじって手渡しゲーム

体をねじって、後ろの人にボールや月見団子を手渡します。

1回戦

ボールを手渡す

おぼんにのせたボールを、後ろの人に手渡す。先に一番後ろの人まで回せたチームの勝ち。

2回戦

月見団子を手渡す

次に、おぼんにのせた月見団子を、後ろの人に手渡す。先に一番後ろの人まで回せたチームの勝ち。

[ねらい]

● 体をねじる動作が、便秘解消につながる。

● 落とさないように渡すことで、バランス感覚を養う。

● 月見団子を手渡すことで、季節感を味わう。

[隊 形]

4人程度でジグザグに座る。2チーム作る。

[用意するもの]

・ボール
・おぼん
・紙で作った月見団子

[月見団子の作り方]

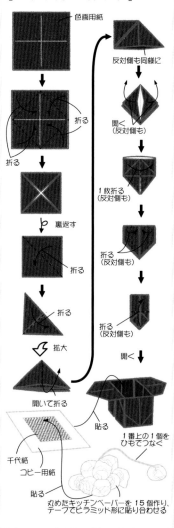

色画用紙

反対側も同様に

折る

折る

折る

開く
（反対側も）

1枚折る
（反対側も）

裏返す

折る

折る
（反対側も）

折る

折る
（反対側も）

拡大

開く

開いて折る

貼る

1番上の1個をひもでつなぐ

千代紙

コピー用紙

貼る

丸めたキッチンペーパーを15個作り、テープでピラミッド形に貼り合わせる

16

おぼんにボールをのせ、落とさないように後ろの人に手渡します。

斜め後ろの人にボールを回すことで、体が自然とねじれて便秘解消に。

次は、おぼんに月見団子をのせて後ろの人に手渡します。

配慮のポイント

体をねじることが難しい人は横並びで行うなど、並び方を工夫しましょう。

そーっと手渡さないと、一番上の団子が落ちる仕組み。落ちたら元に戻してまた続けましょう。

タオルたたみゲーム

3種類のタオルを、指示通りにたたんで点数を競います。

[ねらい]

● タオルをたたむことで、上肢や指先を鍛えながら、洗濯物をたたむ動作を意識する。

● 3種類のタオルをたたみ分け、最後に計算することで、脳トレになる。

● 競い合うことで高揚感を得る。

[隊 形]

4～6人程度で、テーブルを囲んで座る。

[用意するもの]

・長タオル
・オレンジタオル
・おしぼり

※上記のタオルがなくても、形や色の違うタオルを3種類用意すれば行えます。

1 ルール説明

介護者が3種類のタオルのたたみ方を実際にやってみせ、それぞれの点数を説明する。

＜得点の例＞
長タオル…………30点
オレンジタオル…20点
おしぼり…………10点

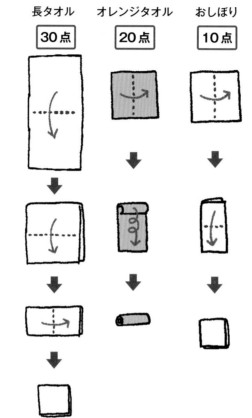

長タオル　オレンジタオル　おしぼり

30点　20点　10点

2 たたむ

3種類のタオルを交ぜて、テーブルの中央に置く。スタートの合図で1人1枚ずつタオルを取り、指示通りにたたむ。たたみ終わったら自分の近くに重ね、次のタオルを取ってたたむ。

3 点数を合計する

全部たたみ終わったら終了。それぞれのタオルの点数を計算する（介護者が手伝ってもよい）。合計点数が高い人の勝ち。

タオルたたみゲーム

長タオル　30点
オレンジタオル20点
おしぼり　10点

伊藤さん　110点
谷口さん　80点
矢部さん　90点
田中さん　130点
佐野さん
関口さん

配慮のポイント

たたみ方がわからなくなる場合は、見本をそばに置いたり、介護者が声をかけて一緒にたたんだりするとよいでしょう。

3種類のタオルのたたみ方を、それぞれ実際にやってみせます。

たたみ方の過程は人によってそれぞれ。今までの経験や生活が垣間見えます。

洗濯物をたたむというなじみのある動作で、自然と指先や上肢が鍛えられます。

机には置かないやり方で。　介護者が声をかけながら。　手で折り目をつけて。

タオルをたたみ終わったら、それぞれの合計点数を計算します。タオルのほかに、ボーナス得点として靴下やTシャツを入れても楽しいでしょう。

洗濯物干しゲーム

広告紙の洗濯物を、洗濯バサミでひもに干してから取り込むまでを行います。

1 洗濯物を広げる

スタートの合図で、先頭の利用者が箱から洗濯物を1つ取り、広げる。箱は介護者が回す。利用者が自分で持って隣に回してもよい。

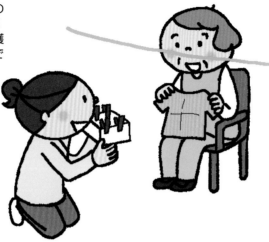

2 干す

箱についている洗濯バサミを2個使い、ロープに洗濯物を干す。介護者が箱を渡して次の人も同様に行い、どちらのチームが先に干し終わるかを競う。

3 取り込む

最後に干した人から、洗濯バサミを外して洗濯物を取り込み、たたんで箱に入れる。次の人も同様に行い、どちらのチームが先に取り込み終わるかを競う。

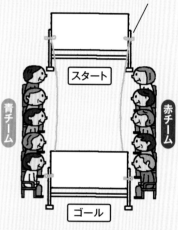

干す

たたんである洗濯物を広げます。

広告紙をおさえながら洗濯バサミでとめることで、指の筋力アップや巧緻性の向上につながります。

どちらのチームも干し終わりました。

取り込む

洗濯バサミは、箱の縁にはさんで戻します。

元のようにたたんで箱に戻します。

洗濯バサミを外して、洗濯物を取り込みます。

新聞紙しぼりゲーム

新聞紙を雑巾のようにしぼり、牛乳パックにたくさん詰めるゲーム。

1 しぼる

新聞紙を配る。スタートの合図で、新聞紙を両手でしぼる。細長く丸めてからしぼるとしぼりやすい。

[ねらい]

● 新聞紙をしぼる動きによって、上肢や握力を鍛え、雑巾しぼりの動きを意識する。

● 指先を使ってしぼることで指の関節が動かしやすくなり、巧緻性を高める。

● 詰める数を競うことで高揚感を得る。

[隊 形]

ペアを2〜3組作り、テーブルを囲んで座る。

[用意するもの]

・新聞紙

A4サイズに切った新聞紙を2枚ずつ重ねたものを、1チーム20セット用意。

・牛乳パック

上部を切り、まわりにチームの色のおりがみを貼る。1チーム1つ作る。

2 牛乳パックに入れる

しぼった新聞紙を牛乳パックに入れる。

3 新聞紙の数をかぞえる

制限時間になったら、新聞紙を牛乳パックから取り出し、数をかぞえる。より多く入れられたチームの勝ち。

ペアになってスタンバイ。新聞紙は2枚ずつ、向きを交互に重ねるといいでしょう。

できるだけ細くなるようにしぼると、指先や腕に力が入り、上肢が鍛えられます。

とても細長くしぼりました。うまく牛乳パックに入るでしょうか？　人によってしぼり方はさまざまです。

配慮のポイント

片麻痺の人は、介護者が新聞紙の片側を持ってサポートしましょう。また、重ねる新聞紙の枚数を増やすと、より力が必要になります。

たわしカーリング

たわしでペットボトルのふたを滑らせ、高得点をねらいます。

[ねらい]

● たわしでペットボトルのふたを滑らせることで、こすり落とす動作を意識する。

● 力の加減をしながらたわしを押し出すことで、上肢を鍛える。

● 競い合うことで高揚感を得る。

[隊 形]

4〜6人程度で、テーブルを囲んで座る。2チームに分かれる。

[用意するもの]

・たわし
・ペットボトルのふた（2色）
・的

テーブルの上に細いロープで三重の円を作り、ところどころテープでとめる。円の中に、100、50、10の点数を書いた紙を貼る。ロープだと入りにくい時は、紙に的を描いてテーブルに貼る。

1 たわしで滑らせる

1人1個ずつ、自分のチームの色のペットボトルのふたを裏返し、平らな面をたわしで滑らせて的に入れる。相手チームのふたをはじき出しても構わない。2チーム交互に行う。

2 点数を合計する

3巡したら、円の中の点数を合計する。
得点が高いチームの勝ち。

200対110で
緑チームの勝ち！

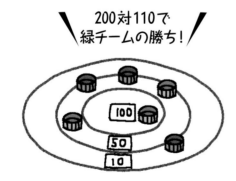

たわしを前に押し出す動作が、こすったり拭いたりする動作につながります。

ペットボトルのふたをたわしの前に置き、的をねらいます。

50点に入りました!

配慮のポイント

力が弱く、なかなか入らない場合は、的との距離を短くしましょう。広いテーブルで行うと難易度が上がります。

飴玉袋詰め競争

ペットボトルのふたで作った飴玉を袋に詰め、数を競います。

1 飴玉を袋に詰める

テーブルに飴玉を並べ、ポリ袋を1人1枚ずつ配る。スタートの合図で、ポリ袋の中に飴玉を詰める。

[ねらい]

● 飴玉を手でつかむことで、手指の巧緻性向上を図る。

● 袋に詰めることで、買い物の袋詰めの動作を想起させる。

● 競い合うことで高揚感を得る。

[隊 形]

4〜6人程度で、テーブルを囲んで座る。

[用意するもの]

・飴玉

ペットボトルのふたを広告紙で包み、両端をひねる。利用者と一緒に作るとなおよい。

・ポリ袋

2 数をかぞえる

テーブルの上の飴玉がなくなったら終了。それぞれ袋詰めした飴玉の数を介護者が数え、多かった人の勝ち。

一番多かった
田中さんの勝ちです！

田中様　43コ　木村様　14コ
鈴木様　37コ　松井様　33コ

よーい

テーブルの中央に飴玉を並べて
スタンバイします。

\スタート！/

つかんだ飴玉をポリ袋に詰め
ます。

配慮のポイント

飴玉をうまく詰められない
場合は、介護者が袋を持っ
て入れやすいようにしま
しょう。

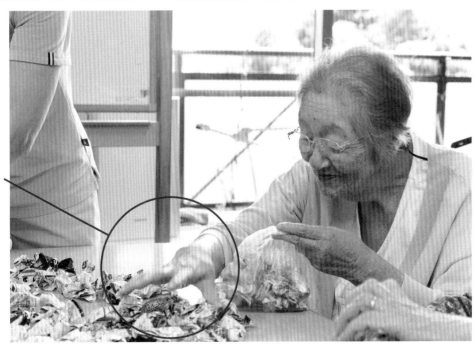

指をできるだけ開いて
つかむことが、手指の
巧緻性向上につながり
ます。

献立ダーツ

カレーの材料をねらって傘袋のダーツを投げます。

[ねらい]

● 前傾姿勢で踏んばってダーツを投げることで、体幹や上肢を鍛える。

● カレーの材料を考えることで献立を意識する。

● チームで競い合うことで、高揚感を得る。

[隊 形]

ホワイトボードに的を貼り、その前に利用者が座る。2チームに分かれて交互に行う。

[用意するもの]

・的

模造紙にダーツの的を描く。円の中にカレーの材料（玉ねぎ、じゃがいも、にんにく、にんじん、肉、カレー粉）と、それ以外のもの（おしろ粉、消しゴム、洗剤など）を書き入れる。カレーの材料には違う色の紙を貼るとわかりやすい。

・傘袋ダーツ

傘袋をふくらませて口を結び、先に丸めたガムテープを貼る。空気が抜けやすいので、予備を用意しておくとよい。

1 ねらいを定める

カレーの材料にダーツを当てることを伝える。利用者はどこにダーツを当てるか決め、ねらいを定める。

ねらいは
玉ねぎですね

2 傘袋ダーツを投げる

傘袋ダーツを的に向かって投げる。

3 先に材料が揃ったチームが勝ち

カレーの材料に当たったら、ホワイトボードにチームごとに書き出す。先にカレーの材料のすべてに当てたチームの勝ち。

玉ねぎを獲得です！

傘袋ダーツを水平に持ち、カレーの材料にねらいを定めます。

前に向かって投げることで、前傾になって腕が伸び、前方のものを取る動作につながります。

配慮のポイント

腕の筋力が弱い人の場合は、的といすとの距離を近づけたり、的の高さを調節したりしましょう。

じゃがいもに
当たりました。

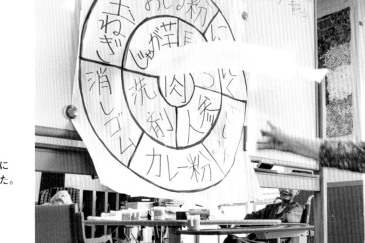

29

落とし穴に注意！

新聞紙の玉を、シートに開いた穴に落とさないように、ゴールまで運びます。

1 シートを動かして玉を転がす

利用者4人でシートの四隅を持ち、介護者がスタート地点に新聞紙玉を、スタートの反対側のゴール下に段ボール箱を置く。スタートの合図でシートを上下に動かして、ゴールに向けて穴に落ちないように玉を転がす。

スタート

ゴール

2 箱に入れる

ゴール地点を通って、段ボール箱に新聞紙玉を落とせたらゴール。

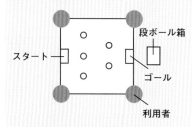
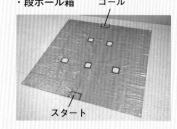

新聞紙玉の動きに合わせて、思わず腕が上がったり下がったりします。

\スタート!/

スタート

シートを引っ張りながら大きく上下に動かします。腕を上げ下げすることで、上腕の可動域を広げ、肩周辺の筋力の強化を図ります。

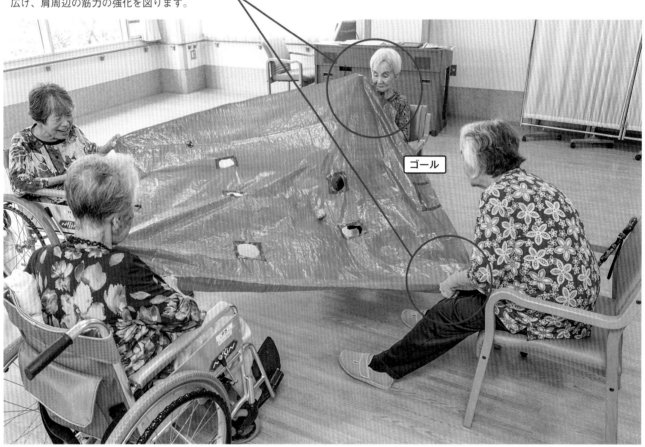

ゴール

配慮のポイント

人によって腕の上がる高さが違うので、同じくらいの背丈の人でチームを作ります。または、クッションなどでいすの座面を高くして調節してもよいでしょう。

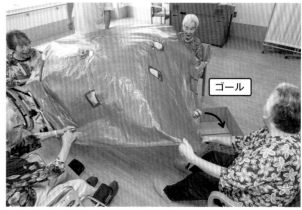

ゴール

穴に落ちずにゴールの箱までたどり着きました。

栗落としゲーム

お手玉を投げて、栗の描かれた紙を落とします。

[ねらい]
- お手玉を投げることで肩まわりの筋肉を鍛え、上腕や肩関節の可動域を広げる。
- 競い合うことで高揚感を得る。

[隊 形]
2人が横並びで的の前に座る。

[用意するもの]
・的
A3のコピー用紙6枚に栗の絵を貼り、2枚ずつ3点、5点、10点と点数を書く。
・ひも
・お手玉

型紙
p.81 ✂

[的のかけ方]

的を折り、ひもにひっかけます。的の折り方で落とす難易度が変わります。ひっかける部分を浅く折ると落ちやすく、深く折ると落ちにくくなります。

難易度
低 ➡ 高

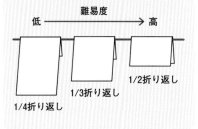

1/4折り返し　1/3折り返し　1/2折り返し

1 ねらいを定める

片方の利用者がお手玉を持ち、的に向かってねらいを定める。

ひもをホワイトボードに結びつける

2 投げる

お手玉を投げて的を落とす。1人ずつ交代でお手玉を投げる。落ちた的は元に戻さず、そのまま続ける。

3 合計点数を競う

1人5回投げて、落ちた的の合計点数を競う。

○○さんは
10点と5点で
合計15点です

△△さんは
10点でしたので、
○○さんの勝ちです

1人め

自分より高い位置にある的をねらうことで腕が上がります。

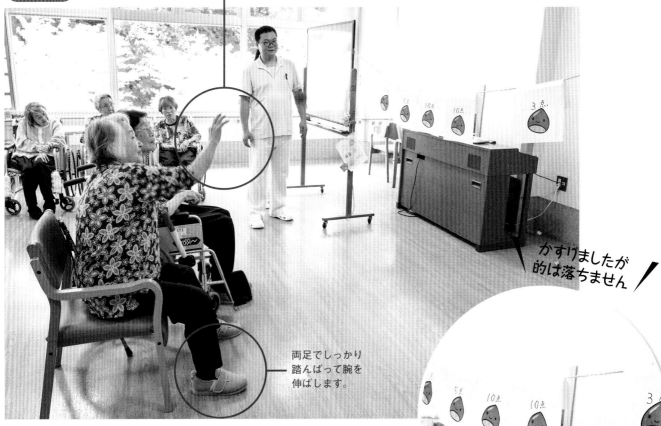

かすりましたが
的は落ちません

両足でしっかり
踏んばって腕を
伸ばします。

お手玉を上から投げることで、
肩周辺の筋力が鍛えられ、上腕
や肩関節の可動域が広がります。
これが、姿勢や着脱動作の向上
につながります。

配慮のポイント

投げる力が弱い人の場合は、的の
高さを低くしたり、いすと的との
距離を近づけたりしましょう。

2人め

10点獲得！

隣の人に交代。的に向かってお手玉がまっすぐ飛んでいきます。

見事、的に当たって
落ちました。

プレゼント集めゲーム

ラップ芯を回してひもをたぐり寄せ、プレゼントの玉を集めるゲームです。

1 ルールを説明する

ラップ芯を回してひもを巻いて床にあるプレゼントを集めることと、点数を説明する。

<点数の例>
金のプレゼント…10点
銀のプレゼント… 5点
新聞紙…………… 3点

2 ラップ芯を持つ

プレゼントに見立てた玉を床に並べ、ラップ芯を持ってスタンバイする。

金の玉、銀の玉、新聞紙玉の順番で、ひもに平行になるように並べる。

3 巻いてたぐり寄せる

ラップ芯を両手で回してひもをたぐり寄せ、プレゼントの玉を集める。

4 点数を合計する

自分の足元までたぐり寄せたらゴール。集められた玉の合計点数を競う。

73点の
赤の勝ちです！

[ねらい]
● ラップ芯を回してひもを巻くことで、手指の巧緻性や指先の血流をアップさせる。
● プレゼントにまつわるゲームでわくわくした気持ちになる。
● 競い合うことで高揚感を得る。

[隊形]
2人が横並びで座る。

[用意するもの]
・プレゼントを集めるかご
・プレゼントの玉
金のおりがみで大きめに作った玉4個、銀のおりがみで作った玉6個、新聞紙で作った玉10個を用意する。

[プレゼントを集めるかごの作り方]

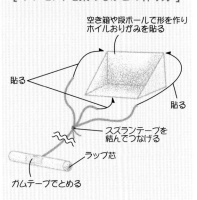

空き箱や段ボールで形を作りホイルおりがみを貼る
貼る
貼る
ススランテープを結んでつなげる
ラップ芯
ガムテープでとめる

よーい

配慮のポイント

片麻痺の人は、介護者がラップ芯の片側を持ち、巻くのをサポートします。または、利用者のももや脇にラップ芯を挟んで行ってもよいでしょう。

ひもをまっすぐ伸ばし、玉を配置してスタンバイします。

玉がこぼれないよう慎重にひもを巻き取ります。はやさではなく玉の点数を競います。

まっすぐ進むよう腕を伸ばして巻いていきます。

スタート！

近づいてきたので腕を引いて巻き取ります。ラップ芯にひもを巻く動きが、キャップを開けたり、ドアノブを回したり、道具を使ったりする動作の向上につながります。

ブルドーザーのように玉を集めていきます。

○○さんは合計
50点獲得です

介護者が玉の数をかぞえ、点数を合計します。

踏んばってアタック

バレーボールのようにボールを手で打って、箱に入れます。

1 介護者がボールをトス

介護者が、利用者に向かってボールを投げる。利用者が腕を伸ばして打ちやすい位置をめがけてトスする。

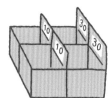

2 箱に向かってアタック

利用者は、腕を前に伸ばして前かがみになりながらボールを打つ。入った箱の合計点数を競う。

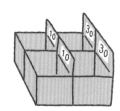

10点に入りました！　何回かくり返して、合計点数を競いましょう。

できるだけ腕を前に伸ばしてボールを打つと、自然と前かがみになります。

前かがみになると足に体重がのり、踏んばりがきくようになります。

配慮のポイント

手でボールを打つ力が弱い人は、いすと箱の距離を近づけるとよいでしょう。

足 がしっかり動く
下肢を使う
レクリエーション

足をしっかり動かすことは、足の機能向上だけでなく、全身のバランス力にも効果的です。それがスムーズな歩行や階段の昇り降り、排泄動作や入浴動作にもつながっていきます。動かしている部分を意識することで、筋力の維持・向上も期待できます。

こんな動作を取り入れています

歩く

足を上げる

足を伸ばす

もも上げ大相撲

おなじみの紙相撲を、もも上げの力を使って行います。

[ねらい]

● もも上げの動きをすることで
　下肢の筋力を鍛える。

● 1対1の対戦で、コミュニケ
　ーションを図る。

[隊 形]

1対1で、向かい合って座る。

[用意するもの]

・力士

力士の絵を厚紙に貼るか、描くかし、
350mLのペットボトルを挟み輪ゴムでと
める。ペットボトルには水を少し入れ
て、すぐに倒れないようにするとよい。

・ボード

段ボールを3枚重ねて模造紙で包み、
丸く切った画用紙を貼って土俵にする。

型紙
p.81

1 ももの上にボードを置く

ペアになった2人のももの上にボードをのせ、
力士を土俵の中に置く。

ひじかけのあるいすで行うと、ボードが安定しやすい。

2 もも上げをする

もも上げをしてボードを揺らす。力士が倒れるか、
土俵から出たら負け。ボードは手で動かさずに、
足だけで動かす。

のこった、のこった！
イチ・ニ・イチ・ニ……

介護者が「イチ・ニ・イチ・ニ」と声をか
けながら行いましょう。「東○○の山、
西○○の里」などと、名前を決めて呼び
出しをしても楽しい！

ボードを動かそうと
することで、自然に
ももが上がります。

ペア同士に身長差がある場合は、
足元に台を置いて高さが同じに
なるようにしましょう。能力が
同じくらいの人とペアを組むこ
とも、不公平感を生まないポイ
ントです。

力士が倒れてしまったら
負けです。力士の顔は、
利用者に描いてもらって
もいいですね。

足でゆらゆらスマートボール

足で台を傾けてボールを転がし、穴に入れるゲームです。

1 両足のつま先で箱を支える

ペアを組んだ2人のあいだに台を置き、それぞれが両足のつま先で台を支える。介護者が台の上にボールを2個置く。

2 箱を傾けてボールを入れる

ペアで協力しながら足を使って台を傾け、穴にボールを入れる。先に2個のボールを穴に入れたチームの勝ち。

[ねらい]

● 足で台を傾けることでバランス感覚を養い、下肢の筋力を鍛える。

● ペアで協力することでコミュニケーションを図る。

[隊形]

ペアになり、向かい合って座る。これを2ペア作り、それぞれ赤チームと青チームとする。

[用意するもの]

・台
・ボール（赤・青）

[台の作り方]

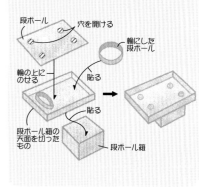

段ボール　穴を開ける
輪にした段ボール
輪の上にのせる　貼る
段ボール箱の天面を切ったもの　貼る　段ボール箱

台を水平にし、介護者がボールを2個置いてスタート。

つま先を上げて台を傾けることで、自然とつま先上げの運動に。

足を上げて台を傾けて、ボールを穴に入れましょう

足全体で台を持ち上げることで、腹筋や下肢全体が鍛えられます。

配慮のポイント

2個のボールを入れるのが難しい場合は、ボールを1個に減らすとよいでしょう。

2人の息がぴったり合い、見事2つのボールが穴に入りました！

41

天国と地獄

ボールを3回蹴って、合計を100点に近づけるゲーム。100点に近いほうが天国、相手に負けてしまったら地獄です。

1 ボールを蹴る

どの点数に入れたいかねらいを定めて、1人3回ボールを蹴る。

2 点数を合計する

ボールが止まったエリアの点数を計算する。合計が100点に近いほうが勝ちなので、ボールを蹴る回数は、合計点に応じて1回め、2回めでやめてもよい（例：1回めで90点が出たのでやめる）。

20点 + 30点 + 50点 = 100点

3 ホワイトボードに点数を書く

介護者が、1〜3回めの点数と、その合計をホワイトボードに書く。チームを交代して同様に行う。合計が100点に近いほうが勝ち。

天国と地獄
青チーム　　　赤チーム
20＋30＋50＝100

青チームはぴったり100点です！赤チームも100点をめざしましょう！

[ねらい]

● ボールを蹴ることで、下肢の筋力を鍛える。

● 点数を計算することで、脳の活性化を図る。

● 点数のどんでん返しを楽しむ。

[隊形]

下の図のようにロープを床に貼り、点数を並べる。両端に1人ずつ座る。

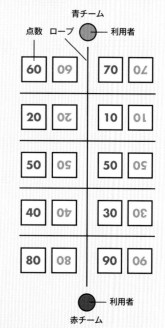

[用意するもの]

・点数用紙
A4の紙に10〜90までの数字を書く。これを、数字の色を変えてもう1セット作る。

・ロープ
・ボール

3回蹴って合計が
100点になるように
しますよ

ねらいを定めてボールを蹴ります。
ボールを蹴ることが下肢を鍛える
ことにつながります。

配慮のポイント

強く蹴ることが難しい場合は、
いすを点数に近づけましょう。
何回か蹴る練習をしてから行
うと、コツがつかめます。

90点に入りました！
次は10点をねらうか、
ここでやめるか、
どうしますか？

「あと○点で100点になります」
と、介護者が声かけをします。
最初から高得点が出た場合は、
1回めでやめてもOK。利用者に
続けるかやめるかを聞きましょ
う。

赤チームは、90＋70＝160点。
2回で青チームの110点を超
えてしまったので負けです。

残念！
70点でした〜。合計が
110点を超えて負けた
ので地獄です〜

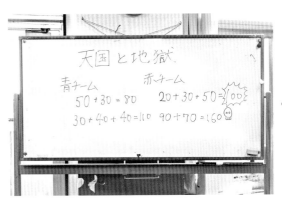

ホワイトボードに点数を書き、結果が
目に見えるようにしましょう。

花見でGO！

スタンプラリーを春らしくアレンジ。施設内を歩いてまわり、いも虫に
じゃんけんで勝ったらボーナスフラワーをゲットできます。

1 歩いてフラワーストップへ

介護者が先頭になり、フラワーストップへ歩いて向かう。グループの1人が木の幹カードを首から下げる。

2 桜の写真を見る

フラワーストップの入り口付近に、フラワーストップ表示を貼っておく。桜の名所の写真を見ながら思い出などを話す。

3 いも虫とじゃんけん

フラワーストップで待っていたいも虫のお面をつけた介護者と1人1回、グループ全員がじゃんけんをする。

4 ボーナスフラワーをもらう

じゃんけんに勝ったら、決められた数だけボーナスフラワーをもらえる。もらったボーナスフラワーは木の幹カードに貼る。他のフラワーストップも同じようにまわる。

[ねらい]

● いろいろな場所に歩いて行くことで、下肢の筋力を鍛える。

● 出かけている雰囲気や季節感を味わえる。

● じゃんけんで、楽しい感情や表情を引き出す。

[隊 形]

3〜4人のグループを作る。

[用意するもの]

・フラワーストップ表示
紙に桜の名所の写真を印刷して貼る。名所の名前やそのフラワーストップでもらえるボーナスフラワーの数を書く。

・ボーナスフラワー
コピー用紙に花の絵を印刷したもの。裏に両面テープを貼る。

・木の幹カード
木の幹の絵を印刷し、厚紙に貼る。ひもをつけて首にかけられるようにする。

・いも虫のお面
画用紙と輪ゴムで作る。

型紙
p.81
✂

🌸 フラワーストップの例 🌸

場　所	写　真	ボーナスフラワー
給食室	三春滝桜	花1つ
総務室	弘前公園	花2つ
医務室	大阪城公園	花3つ
理事長室	上野恩賜公園	花2つ
屋上	吉野山	花3つ

> お花見の旅に出発しましょう！ 最初は給食室に行きますよ

歩いて施設をまわることで、楽しみながら下肢や歩行の能力を鍛えます。車いすの方は介護者に押してもらって参加しましょう。

> こちらが三春滝桜でございます

給食室に着きました。入り口にフラワーストップ表示を貼っておきます。利用者に桜の思い出を聞いてみましょう。

ボーナスフラワーゲット！

じゃんけんに勝つとボーナスフラワーがもらえます。給食室では1枚もらえました。木の幹カードに貼ってもらいます。

給食室にはいも虫のお面をつけたスタッフが待機。利用者1人ずつとじゃんけんをします。

次に向かった総務室では、弘前公園の桜の写真が貼ってありました。「きれいですね」「行ったことがありますか？」などと会話が広がります。

5か所のフラワーストップをまわって、たくさんのお花をゲットしました。

足で巻き巻き春よ来い!

足でバーを巻いて、花を引き寄せる春らしいゲームです。

1 両足のつま先をバーにのせる

箱のついているほうのバーを足元に置き両足をのせる。もう片方のバーを両手で握る。箱に花を入れ、スズランテープがピンと張るところまで離す。

2 足で巻いて花を引き寄せる

両足を左右交互に動かしてバーを回転させ、スズランテープを巻き付ける。2人が並んで行い、箱を先に引き寄せたほうの勝ち。

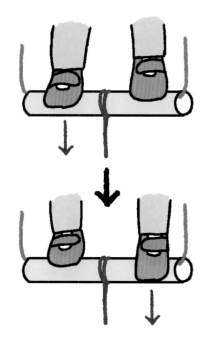

[ねらい]

● 足で巻く動きによって、下肢の筋力を鍛える。

● 力を加減しながら足を動かすことで、バランス感覚を養う。

● 競い合うことで高揚感を得る。

[隊 形]

2人が横に並んで座る。

[用意するもの]

・巻き巻きバー
・お花紙で作った花

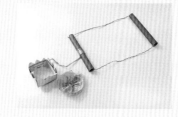

[巻き巻きバーの作り方]

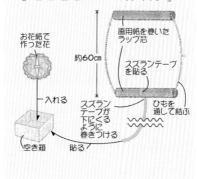

お花紙で作った花

画用紙を巻いたラップ芯

約60cm

スズランテープを貼る

入れる

スズランテープが下にくるように巻きつける

ひもを通して結ぶ

空き箱　貼る

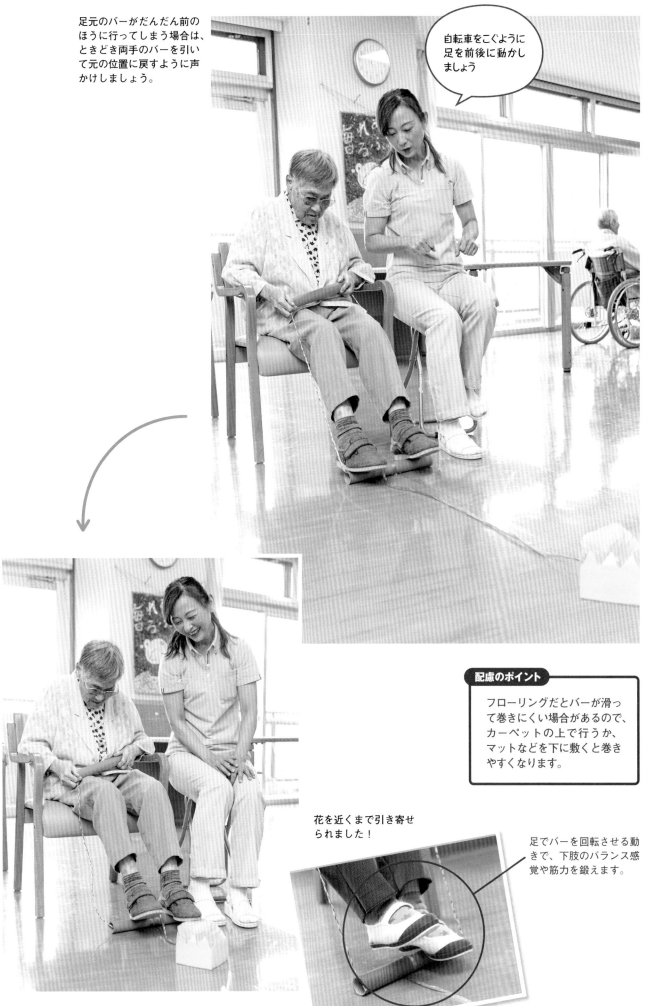

足元のバーがだんだん前のほうに行ってしまう場合は、ときどき両手のバーを引いて元の位置に戻すように声かけしましょう。

自転車をこぐように足を前後に動かしましょう

配慮のポイント

フローリングだとバーが滑って巻きにくい場合があるので、カーペットの上で行うか、マットなどを下に敷くと巻きやすくなります。

花を近くまで引き寄せられました！

足でバーを回転させる動きで、下肢のバランス感覚や筋力を鍛えます。

47

足でいも掘り

箱に入った長い新聞紙を足で引き寄せ、先にいもが出てきたほうの勝ちです。

1 足で新聞紙を引き寄せる

箱の両端から新聞紙を出して足をのせ、
スタートの合図で引き寄せる。

2 いもが先に出たほうの勝ち

新聞紙を最後まで引き寄せ、先に箱からいもが
出てきたほうの勝ち。

[ねらい]

● 足で新聞紙を引き寄せること
で、下肢の筋力を鍛える。

● はやさを競い、高揚感を得る。

[隊 形]

1対1で、向かい合って座る。

[用意するもの]

・おいもボックス

[おいもボックスの作り方]

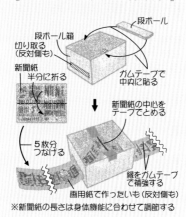

段ボール

段ボール箱
切り取る
(反対側も)

ガムテープで
中央に貼る

新聞紙
半分に折る

新聞紙の中心を
テープでとめる

5枚分
つなげる

縁をガムテープ
で補強する

画用紙で作ったいも(反対側も)

※新聞紙の長さは身体機能に合わせて調節する

箱の両端から同じ長さで
新聞紙を出し、足をのせ
てスタンバイ。

配慮のポイント

対戦する人同士は、足の筋
力や機能が同程度になるよ
う配慮しましょう。

先にいもが出てき
たほうの勝ちです。

\ スタート! /

足の指に力を入れてぐっと
引き寄せます。

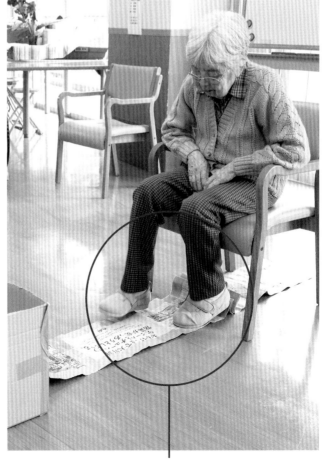

くり返し足を動かして引き寄せることで、
太ももやお腹の筋力アップにつながります。

足で玉拾い

足につけたスコップで玉を拾うゲームです。

[ねらい]

● 片方の足で玉を拾うことで、自然とおしりが上がり、バランス力や腹筋を鍛える。

● 玉を色分けすることが、脳トレにつながる。

[隊 形]

横1列で4人が並んで座る。

[用意するもの]

・低い箱
・高い箱
・玉（丸めた新聞紙を赤と青のお花紙で包む）
・スコップ

ティッシュボックスの底と側面を残して写真のように切り、スコップにする。あいだに足を通して輪ゴムでとめる。

1 玉を拾って箱に入れる

低い箱を床に固定し、その手前に玉を並べる。スタートの合図で片方の足につけたスコップで玉を拾い、箱に入れる。はやく入れ終わった人の勝ち。

2 色分けして入れる

今度は、低い箱の奥に高い箱を固定し、その手前に2色の玉を並べる。赤い玉は赤い箱へ、青い玉は青い箱へ入れる。はやく分けて入れられた人の勝ち。

スタートの合図で、一斉に玉を箱に入れていきます。

足先に上手に玉をのせます。

自然とおしりが上がって、トイレの便座の上でのバランス保持に効果的です。

スリッパお片付けゲーム

浴槽をまたぐように、足でスリッパを箱の中に入れます。

[ねらい]

● スリッパを箱に入れる動きが、浴槽またぎの練習になる。

● はやさを競うことで、高揚感を得る。

[隊 形]

2人が横に並んで座る。

[用意するもの]

・箱
細長く切った段ボールの両端に箱を貼る。

・スリッパ

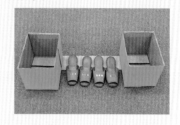

1 右足でスリッパを箱に入れる

2つの箱のあいだにスリッパを2足並べる。右足でスリッパを履き、右側の箱に入れる。これをくり返し、スリッパをすべて箱に入れる。

2 反対の足で行う

介護者が箱からスリッパを取り出し、もう一度並べる。今度は左足でスリッパを履き、左側の箱に入れる。2人が並んで行い、はやさを競う。

なかなかまたげない場合は、箱の深さを浅くして調整しましょう。深ければ深いほど難易度が上がります。

左足でスリッパを箱に入れていきます。箱が動く時は、介護者が押さえましょう。

箱をまたいでスリッパを入れることで、浴槽またぎの練習になります。

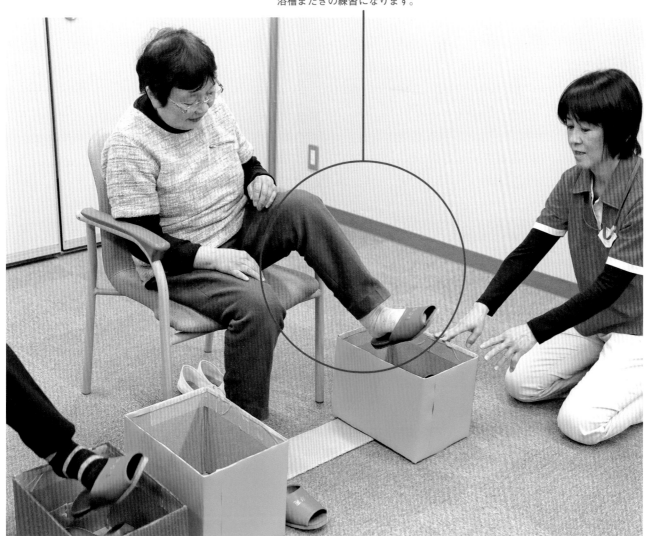

買い物で GO！

施設内を歩いて3軒のお店で買い物をし、鍋料理の具材を集めます。

1 歩いて お店まで行く

施設内に3軒のお店を設置。鍋料理の材料を買いに行くことを説明したら、歩いてお店に向かう。カートを押す人は、車いすに買い物かごをのせて押す。

2 お店で食材を選ぶ

お店では、介護者が食材カードを紙皿にのせて並べ、スタンバイ。利用者は、どの食材を買うかをグループで相談し、決める。精肉店、鮮魚店では1点、青果店では2点購入する。

3 お金を払って買う

お金を払って食材カードを受け取り、かごに入れる。商品はすべて100円に設定する。

4 鍋に 買ったものを貼る

3軒のお店を回って食材を集めたら、部屋に戻る。鍋の絵に、買った食材カードを貼る。どのグループの鍋がおいしそうかなどを話す。

型紙 p.82

[ねらい]

● 歩くことで、下肢の筋力を鍛える。

● 商品を選び、お金を払うことで、買い物の動作を意識する。

● グループで買い物を楽しむことで、コミュニケーションを図る。

[隊 形]

3人ずつで3グループ作る。グループ内での役割を決める（カートを押す人、商品を選ぶ人、お金を払う人）。

[用意するもの]

・食材カード
肉5種類、魚介5種類、野菜10種類のイラストを用意し、厚紙に貼る。
＜食材例＞
肉……豚肉、牛肉、鶏肉、肉団子、ウインナー
魚介…かつお、あんこう、たら、かに、さけ
野菜…はくさい、ねぎ、にんじん、だいこん、にら、トマト、しいたけ、春菊、豆腐、ほうれんそう

・紙皿

・おもちゃのお札
1グループにつき、100円札4枚を用意する。

・おさいふ
グループの数だけ封筒を用意し、中におもちゃのお札を入れる。

・鍋
模造紙に鍋の絵を描く。グループの数だけ用意する。

・買い物かご

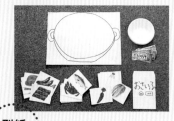

  お店の例

場　所	店
給食室	精肉店
総務室	青果店
医務室	鮮魚店

ただいま
タイムセール

グループ内で役割分担をしたら、買い物へ出発！

商品を受け取る

お金を払ったら、食材カードを受け取ります。

商品を選ぶ

どの商品を選んだらおいしい鍋ができるか話し合います。ほかのグループが先に買い物すると、欲しい商品が売れている場合も……。

お金を払う

お金を払う動作が、手指の巧緻性アップにつながります。

かごに入れる

買った食材カードは、買い物かごの中に入れます。

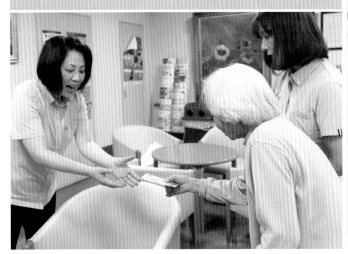

模造紙に描いた鍋に食材カードを貼り、どんな鍋料理になったかを話し、会話を楽しみます。

配慮のポイント

歩いて移動する時は、1グループに1人は介護者がつき、転倒に十分注意しましょう。

3つつなげろ！

足で四角お手玉を蹴り上げてマスに入れ、縦、横、斜めに3つ揃えます。

1 四角お手玉を足にのせる

四角お手玉を足にのせ、ねらいを定める。

四角お手玉を足の甲にのせる。

2 蹴り上げてマスに入れる

足を蹴り上げ、四角お手玉をマスの中に入れる。

3 チームを交代する

チームを交代して1、2と同様に行う。赤チームと青チームが交互に蹴っていく。マスから外れたり、すでに埋まっているマスに入った場合も交代する。

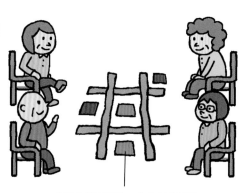

四角お手玉が入ったところには、代わりに色画用紙を置く。

4 3つ揃ったら勝ち

縦、横、斜めのどれか1列が揃ったチームの勝ち。

[ねらい]

● 蹴り上げることで、下肢の筋力を鍛える。

● どこのマスを取ればいいか考えることが、脳トレになる。

● 競い合うことで高揚感を得る。

[隊形]

4人が円座になる。赤チームと青チームに分かれる。

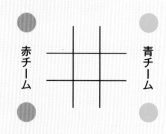

赤チーム　青チーム

[用意するもの]

・四角お手玉（赤、青1個ずつ）

・色画用紙
赤と青を用意。マスに入る大きさに切る。

・新聞紙
細くねじったものを4本作り、井の字の形にテープで貼り合わせる。

[四角お手玉の作り方]

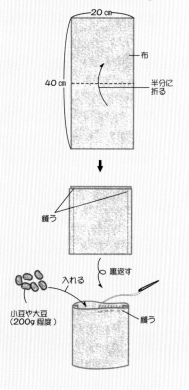

20cm
布
40cm
半分に折る
縫う
裏返す
小豆や大豆（200g程度）
入れる
縫う

四角お手玉を足にのせて、入れたいマスを決めます。

配慮のポイント

蹴る力が弱い人の場合は、マスとの距離を短くします。また、力強く蹴り上げて姿勢が崩れないよう、介護者は後方につくようにしましょう。

ずり落ちないように、足の甲にしっかりのせましょう。

ひじかけをしっかり持って四角お手玉を飛ばします。外れたら相手チームに交代なので、一蹴一蹴真剣です。

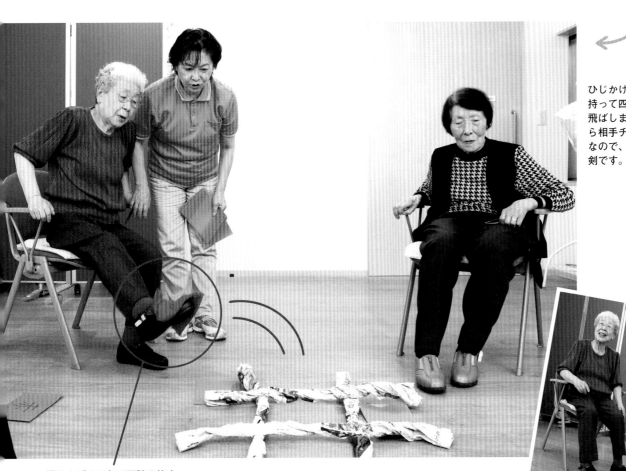

蹴り上げることで下肢の筋力がアップし、歩行の動作につながります。左右両方の足を使うと、より効果的です。

赤チームが斜めに３つ揃いました！

真ん中に入りました！

57

蹴ってカーリング

足でパッドを踏んで蹴り、的に入れて点数を競います。

[ねらい]

● パッドを踏み込んで滑らせることで、下肢の筋力を鍛える。

● 点数を計算することが脳トレになる。

● 偶然性や点数のどんでん返しを楽しむ。

[隊形]

4人で円座になる。赤チームと青チームに分かれる。

1 パッドを蹴る

介護者は利用者に3枚ずつパッドを配る。パッドを足で踏み、前に蹴り出す。

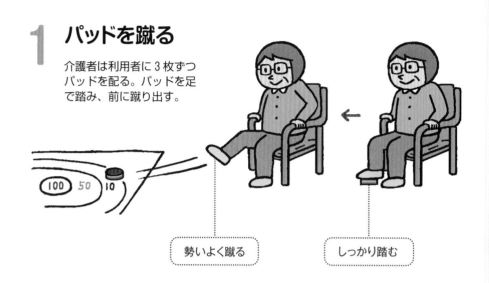

勢いよく蹴る

しっかり踏む

青チーム　赤チーム

[用意するもの]

・パッド
・的

模造紙に円と10、50、100の点数を書く。床にテープで固定する。

2 チームを交代して蹴る

1人ずつチームを交代して1と同様に行う。赤チームと青チームが交互に蹴っていく。

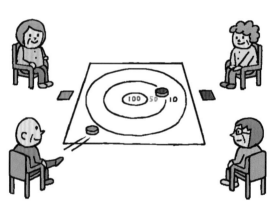

[パッドの作り方]

丸く切った段ボールを3枚重ねて貼り、底面にフェルト、上面に色画用紙を貼る。

3 チームの点数を競う

的に入った点数を合計する。点数の多いチームの勝ち。

270対280で赤チームの勝ち

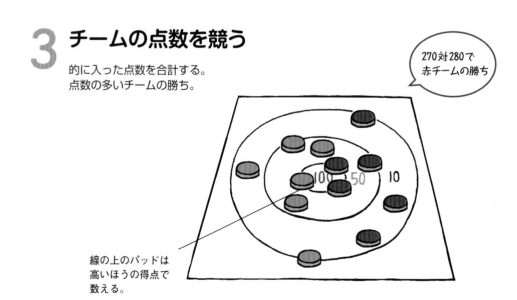

線の上のパッドは高いほうの得点で数える。

中央の100点をねらいます。

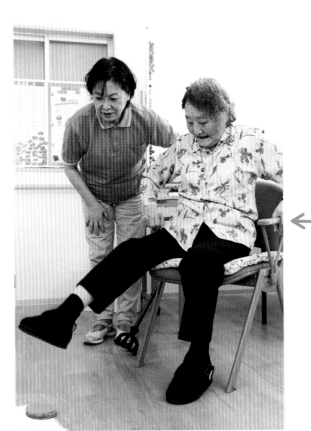

勢いよく前に蹴り出します。

しっかり踏んでくださいね

パッドを足で踏んで飛ばすことで、下肢の筋力アップになります。足に力を入れるために、正しい姿勢を維持することが大切です。

そのまま蹴らずに、足でしっかりパッドを踏んでから蹴ると、より効果的なことを伝えます。

100点にのりました！　慣れてくると力の加減がわかって、次々高得点が出ました。

200対270で青チームの勝ち！

介護者は、利用者と一緒に合計点を計算します。

足でキャッチ

足につけたボックスで、転がってくるボールをキャッチします。

1 ボールを転がす

利用者は片方の足にボックスをつける。介護者は利用者に向かってボールを転がす。

左右にレーンを置く。

2 足でキャッチする

転がってきたボールをボックスでキャッチする。反対の足でも同様に行う。早く10球キャッチしたほうの勝ち。

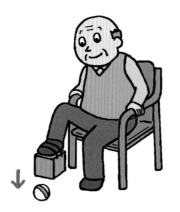

[ボックスの作り方]

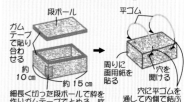

段ボール
ガムテープで貼り合わせる
約10cm
約15cm
細長く切った段ボールで枠を作りガムテープでとめる。底面にはふたをしない

平ゴム
周りに画用紙を貼る
穴を開ける
穴に平ゴムを通して内側で結ぶ

キャッチ！

足を上げて自分の思ったとおりの場所に踏み込む動作が、歩行や階段・段差昇降などの動きにつながります。

足をまっすぐに下ろし、踏み込んで、動くボールをとらえます。

転がってきたボールを目で追って、足を上げます。

配慮のポイント

足を前に伸ばしすぎて転倒しないよう、介護者は後方について見守りましょう。

頭と体をどちらも使う
脳トレになる
レクリエーション

計算をしたり、昔を思い出すお題に答えたり、コミュニケーションをとったりして、認知機能を刺激するレクリエーション。うまくできなくても大丈夫！　間違えても笑い合うことができる工夫を取り入れています。

こんな動作を取り入れています

計算する

あといくら残っていますか？

指先を使う

記憶を引き出す

好きな花を1つあげてください

お母さんはやりくり上手

指定された金額のお札を集め、封筒に入れるゲームです。

1 自分が集める金額を知る

1人1枚ずつ封筒を配る。テーブルの中央にお札を山にして置く。介護者が封筒に書かれた金額と何に使うお金かを読み上げ、利用者は自分が集める金額がいくらかを確認する。

2 お金を数える

スタートの合図で、お札を取り、封筒に書かれている金額分を数えて集める。

3 封筒に入れる

金額分をぴったり集められたら、封筒に入れる。

[ねらい]
● お札を指で数えることで、巧緻性の向上を図る。
● 計算することで、脳を活性化させる。

[隊 形]
4〜6人程度で、テーブルを囲んで座る。

[用意するもの]
・封筒
金額と何に使うお金かを表に書く。
例：家族旅行代―6万8千円
　　食費―5万7千円
　　電気代―2万9千円
　　習い事代―3万9千円

・おもちゃのお札
1万円札、5000円札、1000円札を用意する。紙に金額を書いて手作りしてもよい。

お札を数えることが指先で
つまむ運動になり、巧緻性
アップにつながります。

テーブルの上で1枚ずつ数えたり、束にしたお札を慣れた
手つきでめくったり、お金の数え方は人によってさまざま。

配慮のポイント

お金をうまく数えられない場合は、
介護者が一緒に数えてサポートしま
しょう。金額が合っていなくても、
お金を指で数えることが大切です。

封筒に入れたらおしまいです。金額が合っているかは確認せず、
お金を数えることを楽しみます。

ぜいたく買い物ゲーム

欲しい商品に輪を投げて、ぜいたくな買い物を楽しみます。

1 欲しい商品に輪を投げる

100万円が入った封筒を全員に配る。手持ちのお金でどの商品を買うか利用者に聞き、利用者はねらいを定めて輪を投げる。輪は1人1回ずつ投げ、隣の人に回す。商品に輪がのらなかった場合も、隣の人に順番が回る。

何を買いますか？

2 お金を払い、商品カードをもらう

輪がのった商品を買う。利用者は、封筒の中からお金を払い、介護者は商品カードを新聞紙からはがして利用者に渡す。

30万円です

3 お金をたくさん使った人の勝ち

誰が何を買ったか、ホワイトボードに書いていく。1人4回投げ、より高額な買い物をした人の勝ち。

一番多く使った田中さんの勝ちです

ぜいたく買い物ゲーム
山田様　計61万円
田中様　計92万円
鈴木様　計34万円
今井様　計53万円
加藤様　計28万円
佐藤様　計49万円

［ねらい］

● 輪を投げることで前傾姿勢になり、体幹を鍛える。

● 計算をすることで、脳の活性化を図る。

● ぜいたくな買い物を楽しみ、高揚感を得る。

［隊形］

6～8人程度で円座になる。

［用意するもの］

・百貨店シート

広げた新聞紙に、商品カード（商品のイラストと値段を書いたA4の紙）を6枚貼る。家電、車、コート、宝石、バッグなどの店のシートを作る。

・おもちゃのお札

1人につき10万円札9枚、1万円札10枚で100万円分を用意する。お釣りとして、10万円札を20枚、1万円札を20枚用意する。

・封筒

表に100万円と書き、中におもちゃのお札100万円分を入れる。

・輪

ホースを丸め、ビニールテープを巻く。新聞紙を丸めて作ってもよい。

商品カードは新聞紙に貼ると持ち運びがしやすい。はがせるように、裏に丸めたテープを貼る。

型紙
p.84

＜百貨店シートの例＞

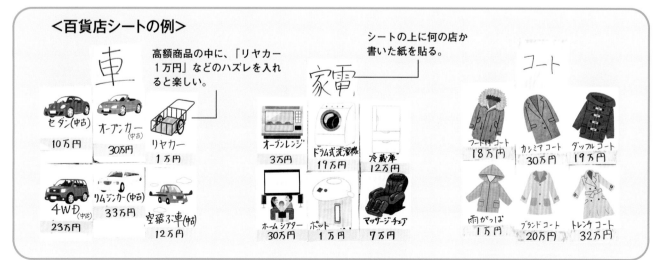

高額商品の中に、「リヤカー1万円」などのハズレを入れると楽しい。

シートの上に何の店か書いた紙を貼る。

車
セダン(中古) 10万円
オープンカー(中古) 30万円
リヤカー 1万円
4WD(中古) 23万円
リムジンカー(中古) 33万円
空飛ぶ車(中古) 12万円

家電
オーブンレンジ 3万円
ドラム式洗濯機 19万円
冷蔵庫 12万円
ホームシアター 30万円
ポット 1万円
マッサージチェア 7万円

コート
フード付コート 18万円
カシミアコート 30万円
ダッフルコート 19万円
雨がっぱ 1万円
ブランドコート 20万円
トレンチコート 32万円

今からみなさんに100万円の入った封筒を配ります

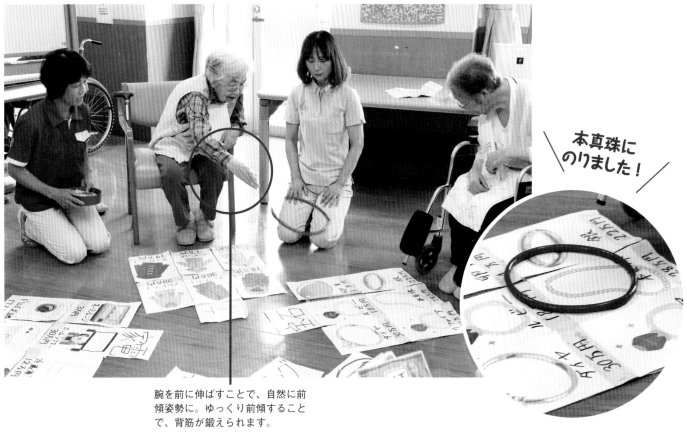

本真珠にのりました！

腕を前に伸ばすことで、自然に前傾姿勢に。ゆっくり前傾することで、背筋が鍛えられます。

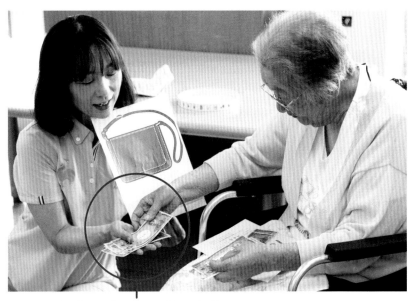

お金を数えて渡すことで、指の巧緻性の向上にもつながります。

中にはハズレの商品も……。1万円の「ゴミ」にのってしまいました。これもお買い上げです。

好きなものお花畑

ボールを投げ、好きなものを聞くお題に答えることで、コミュニケーションを図ります。

[ねらい]

● 具体的な質問で、好きなものや趣味嗜好を聞き出す。

● ボールを投げることで、上肢の筋力を鍛える。

● 好きなものを思い出すことで、脳を活性化させる。

[隊 形]

5 ～10人程度で円座になる。

[用意するもの]

・お花シート
A3のコピー用紙に花を描き、中にお題を書く。

例：歌、人、花、動物、場所、料理、スポーツ、果物、女性歌手、男性歌手

・空気を少し抜いたビーチボール

1 ボールを投げる

お題を書いたお花シートをランダムに並べる。1人ずつシートに向かってボールを投げる。

2 お題に答える

ボールがのったシートに書かれているお題に答える。例えば、「花」にのったら、介護者が「好きな花は何ですか？」と聞き、利用者が1つ答える。

> 好きな花は何ですか？

> バラ

答えたいお題にねらいを定めて、ボールを投げます。

配慮のポイント

好きなものがなかなか出てこない
場合は、介護者が例をあげたり、
選択肢をあげて選んでもらったり
するとよいでしょう。

「花」のシートにのりました。
好きな花を1つ答えます。

サクラ

好きな花を
1つあげて
ください

話を
引き出す
コツ

出てきた答えに対して、どんなと
ころが好きか、どんな思い出があ
るかなどを聞くと、よりその人の
興味・関心を知ることができます。

バック・トゥ・ザ・赤ちゃん

ゴルフボールを転がして的に入れ、生まれた時に関するお題に答えます。

1 手本を見せる

最初に、介護者が5つのお題に沿って自分のことを利用者に伝える。手本を示すことで、利用者が話しやすくなる。

私は昭和○年△月×日に○○で生まれました

2 ボールを転がす

的の紙コップを手前に倒しておく。的に向かってゴルフボールを転がして入れる。1人5回連続で転がし、立った紙コップはそのままにする。

3 立った紙コップのお題に答える

ゴルフボールが入り、立った紙コップのお題に答える。例えば、2つ入ったら2問答える。

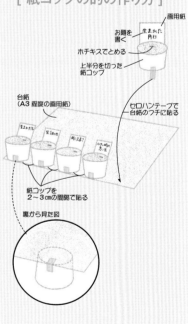

生誕地 何人兄弟?

どこで生まれましたか?

北海道

[ねらい]

● 世代特有の共通体験や思い出を話すことで、自己肯定感や共感を得る。

● ボールを転がすことで、上肢の機能を向上させる。

● 的にボールが入って立った時の爽快感を味わう。

[隊形]

長いテーブルの端に的を置き、反対側に1人座る。

[用意するもの]

・紙コップの的5個

お題の例：生まれた年
　　　　生誕地
　　　　兄弟の数
　　　　小さい時の思い出
　　　　生まれた月日

・ゴルフボール
・新聞紙棒

的の両側にハの字に貼って、ボールが落ちないようにするためのストッパーにする。

[紙コップの的の作り方]

画用紙

お題を書く

生まれた月日

ホチキスでとめる

上半分を切った紙コップ

台紙（A3程度の画用紙）

セロハンテープで台紙のフチに貼る

紙コップを2〜3cmの間隔で貼る

黒から見た図

68

紙コップを
ねらって
くださいね

的に向かってゴルフボールを転がします。

入りました！

見事、ボールが入って紙コップが立ちました！

全部で3つの紙コップが
立ったので、3つのお題
に答えます。

配慮のポイント

ボールを転がす力が弱い人の
場合は、的との距離を短くす
るとよいでしょう。

**話を
引き出す
コツ**

「〇〇さんは5人兄弟だそう
ですよ。5人兄弟の人はいま
すか？」などと、ほかの利用
者にも共通点がないか聞いて
みると話がふくらみます。

5人兄弟

何人兄弟ですか？

69

あなたはどっち？

お手玉を投げて2択の質問に答え、利用者の共通点を探るゲームです。

[ねらい]
- 身近な話題に答えることで日常的に感じていることを知り、興味・関心を引き出す。
- お手玉を投げることで、上肢の機能を向上させる。
- 他の人と共通点を見つけ、話すきっかけをつくる。

[隊形]

7〜15人程度で円座になる。円座の真ん中にロープを円にして貼り、中央に新聞紙棒を貼る。その左右に2択シートを置く。

[用意するもの]
- 2択シート
A4のコピー用紙にお題の答えを書く。
- お手玉（人数分）
- ロープ
- 新聞紙棒

1 どちらに投げるか決める

1人1個ずつお手玉を配る。例えば「飼うなら犬と猫のどちらがいいですか？」と介護者が聞き、利用者はどちらに投げるかを決める。

2 お手玉を1人ずつ投げる

介護者が1人ずつ質問し、利用者は自分が決めたほうのシートにお手玉を投げる。

○○さんは飼うなら犬ですか？猫ですか？

犬かな？

【2択シートの例】

飼うなら？

| 猫 | VS. | 犬 |

朝食は？

| ご飯 | VS. | パン |

好きな麺はどっち？

| うどん | VS. | そば |

デートするなら？

| 海 | VS. | 山 |

目玉焼きにかけるなら？

| ソース | VS. | 醤油 |

生まれ変わるなら？

| 男 | VS. | 女 |

3 エピソードを聞く

答えについてのエピソードを1人ひとりに聞く。例えば、どうして犬（猫）が好きか、今まで飼ったことがあるかなど。

どうして犬が好きなんですか？

4 結果を発表する

すべて話を聞き終えたら、介護者はお手玉の数をかぞえて、どちらが多かったかを発表する。利用者同士の共通点に触れるなどして話を広げる。

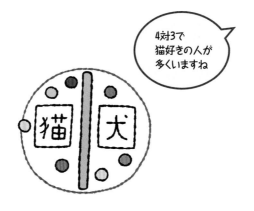

4対3で猫好きの人が多くいますね

配慮のポイント

自分の投げたいほうに投げられたかどうか、介護者は1回ずつ確認し、利用者が答えたいほうに投げられるまで続けましょう。

1人ずつ的にお手玉を投げていきます。入らなかった場合はもう一度チャレンジ。

介護者がお手玉の数をかぞえます。今回は、4対3で猫が多数派でした。

話を引き出すコツ　答えについてのエピソードを聞く場合は、「猫のどこが好きですか？」「猫を飼っていたことはありますか？」などと、具体的な質問をすると答えやすく、話がはずみます。

「猫のどこが好きですか？」の質問に、「かわいいところ」と答えていました。

飼っていた猫の大きさを聞くと、「これくらい」と手で大きさを表していました。

「（犬は）自分の息子より好き！」と答えて、笑いがおこっていました。

好きな犬の種類は「警察犬！」。事件に協力するところが、かっこいいそうです。

モザイクで漢字当て

サイコロを振って出た目の数字をはがし、隠れている漢字が何かを当てます。

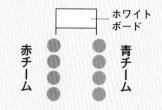

[ねらい]

● 何が書かれているか推測することで想起力を高める。

● 季節や時事ニュースにまつわる言葉にふれることで、今を意識し、社会への関心を持つ。

[隊形]

ホワイトボードの前に2列になって座る。

[用意するもの]

・サイコロ

・漢字シート

透明なポリ袋に漢字2文字の言葉を書いた紙（A2程度）を入れる。

問題例：七草、雑煮、初夢

・数字カード

1から6の数字を書いた画用紙を2枚ずつポリ袋の上に並べ、丸めたテープで貼る。

数字は、上段と下段で色分けし、答えが見えないようにすき間なく貼る。

1 サイコロを投げる

じゃんけんをして負けたチームからサイコロを投げる。

2 数字カードをはがす

サイコロの目と同じ数字カードを1枚はがす。2枚ずつある数字のうち、上段（赤文字）と下段（青文字）のどちらかを選ぶ。

3 漢字を答える

カードをはがして見えた漢字の一部から、答えを予想する。サイコロを投げたチームに解答権があり、赤チームと青チーム交互に行う。はやく正解がわかったチームの勝ち。

サイコロを投げたら、3が出ました。

上段と下段、どちらの数字にするか選びます。どちらがより漢字が見えるか、考えて選ぶことがポイントです。

上の3と下の3
どちらにしますか？

上

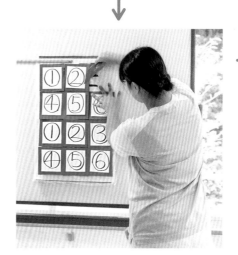

介護者が数字をはがします。漢字の一部が見えてきました。これを何回かくり返します。

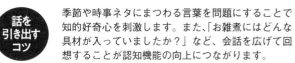

話を引き出すコツ　季節や時事ネタにまつわる言葉を問題にすることで知的好奇心を刺激します。また、「お雑煮にはどんな具材が入っていましたか？」など、会話を広げて回想することが認知機能の向上につながります。

何の漢字か
わかりますか？

わかった！
雑煮！

▶正解◀

雑煮

カラーでポーズ

色のカードに対応する動きを覚え、出された色カードの動きを
素早く行うゲームです。

1 介護者が動きの手本を見せる

介護者が、6色のカードに
対応する6種類の動きを行
い、手本を見せる。

<動きの例>
腕の動き
赤・・・バンザイをする。
青・・・前へならえをする。
緑・・・胸の前で両手を交差させる。
足の動き
黄・・・右のももを上げる。
白・・・左のももを上げる。
黒・・・両足で足踏みをする。

> 赤はバンザイ
> です

2 レベル1
1つの動きを行う

介護者が色カードを1枚選び、色
の名前を言いながらサッと出す。
利用者はその色の動きをする。

> 一番はやくカードの動きが
> できた人にお花を渡す。以
> 下も同様に。

> 青

> 緑

> 黒

レベル2
腕・足の動きを
同時に行う

慣れてきたら2人の介護者が腕
（赤、青、緑）、足（黄、白、黒）
の色カードをそれぞれ持ち、1
枚ずつ選んで同時に出す。利用
者は腕と足を同時に動かす。

レベル3
色を連想して動く

介護者が「りんご」などと色の
ついた物の名前を言う。利用者
は色を連想し、その色の動きを
行う。

> 赤だから
> バンザイ

> りんご

[ねらい]

● 色に対応する動きを覚えるこ
とで記憶力の向上を図る。

● 頭と体を同時に動かすことで
同時処理の能力を高める。

● はやさを競い合うことで高揚
感を得て、脳を活性化させる。

[隊 形]

ホワイトボードの前に半円形に
並んで座る。

[用意するもの]

・対応ボード
模造紙などに6色の色画用紙を貼り、
それに対応する動きを書く。

・色カード
対応ボードに貼った色画用紙と同様の
6色の画用紙を用意。

・お花
お花紙でお花を作る。

お花紙で作った花

配慮のポイント

素早く反応できない人には、ホワイトボードを見返すことを伝えたり、介護者が手を添えたりして支援をしましょう。

介護者が赤のカードを出しました。何色を出すか見えないように背後に隠してからサッと出すとよいでしょう。

レベル1
1つの動き

赤

利用者は素早く反応します。
赤なので両手でバンザイ！

一番はやかった人にお花を渡します。

次は、2人同時に色カードを出します。それぞれ腕と足の動きです。

レベル2
2つの動き

青！　　　　黄！

考えながら全身を動かすことで、同時処理の能力を鍛えます。また、個人で競い合うことが意欲にもつながります。

青と黄なので、前へならえをしながら、右のももを上げます。

レベル3
色を連想した動き

ほうれんそう

今度はカードを使わずに、色を想起させる物の名前を言います。

ほうれんそうは緑なので、胸の前で両手を交差させる動きをします。

おせちを並べたい！ゲーム

じゃんけんをしてカードを購入し、おせちを完成させます。

1 役割を決める

チームのなかで1人ずつ役割を決める。テーブルの上に役割カードを置く。

＜役割の例＞
・呑兵衛父さん
・倹約母さん
・しっかり姉さん
・甘えん坊弟

| 呑兵衛父さん | 呑兵衛父さん | 呑兵衛父さん |

2 同じ役割同士でじゃんけんをする

同じ役割同士でじゃんけんをする。例えば、3チームで行う場合、それぞれのチームの「呑兵衛父さん」3人でじゃんけんをする。

3 値段を決めてお金を払い、カードをひく

じゃんけんに勝った1人だけがおせちカードをひくことができる。200円、400円、600円、800円のなかから値段を決め、その分のお金を払ってからカードをひく。

800円のおせちから選ぶわ

どれにしますか？

4 カードを並べる

カードを裏返し、重箱のマス目の好きな場所にカードを置く。2、3をくり返し、9品揃ったチームが出たらそこで終了。

＜配点方法の例＞
・最初に9品揃えたチームに10点
・バランスよくおいしそうに揃えたチームに10点
・お金をたくさん使ったチームに5点

重箱のどこにおきますか？

鯛だったわ

[ねらい]

● お金の計算をしたり計画を立てたりすることで、遂行機能を鍛える。

● チームで協力し、コミュニケーションを図ることで社会性を向上させる。

● おせちにちなんだゲームで季節感や懐かしさを感じる。

[隊形]

1チーム4人でテーブルに座る。3～4チーム対抗で行うと盛り上がる。

[用意するもの]

・重箱
画用紙に線を引き、3×3のマス目を作る。

・お金
画用紙に200円と書き、1チームに20枚（4000円分）ずつ配る。

・おせちカード
重箱のマス目に収まるサイズの厚紙に値段（200円、400円、600円、800円）を書き、裏面におせち料理のイラストを貼る。

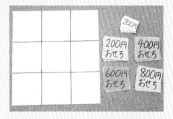

【おせちカードの裏面の例】
定番のおせち料理のなかに「たこやき」などのハズレを入れると盛り上がる。

<200円おせち>

<400円おせち>

<600円おせち>

<800円おせち>

・役割カード
4つの役割を書いた紙を、チームの数だけ用意する。

型紙 p.86

呑兵衛 父さん	倹約 母さん
しっかり 姉さん	甘えん坊 弟

じゃんけんをする

同じ役割同士が手を上げてじゃんけんをします。「倹約母さん」の役割の人が勝負しています。

倹約母さん
倹約母さん
倹約母さん

値段を選ぶ

いくらのおせちにしますか？

800円にします

800円 おせち
600円 おせち
400円 おせち
200円 おせち

勝った1人が4つの値段のなかから、好きな値段を1つ選びます。

利用者同士でコミュニケーションをとりながら計算をすることで、認知機能の向上につながります。

お金を払う

800円のおせちにしたので、200円札を4枚払います。

カードをひく

800円のおせちカードから1枚を選んでひきます。

並べる

数の子だ！

好きなマス目にカードを置きます。おいしそうに見えるよう考えることも、脳トレになります。

あといくら残っていますか？

まだ2000円も残っています

ダメダメ！倹約母さんだから400円しか出しませんよ

お金の計算をしながら、自然とコミュニケーションがとれます。役割を意識したやり取りもありました。

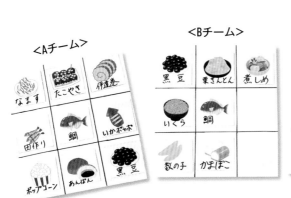

<Aチーム>

なます　たこやき　伊達巻
田作り　鯛　いかボット
ポップコーン　あんぱん　黒豆

<Bチーム>

黒豆　栗きんとん　煮しめ
いくら　鯛
数の子　かまぼこ

<Cチーム>

ポップコーン　なます
鯛　伊勢エビ　伊勢エビ
数の子

Aチームは最初に9品揃えたので10点、Bチームはバランスよくおいしそうに揃えたので10点、Cチームはお金をたくさん使ったので5点でした。

手でダンスダンス

4枚のカードを介護者の指示どおりに手でたたきます。頭と手を同時に動かすゲームです。

1 手本を見せる

ホワイトボードに春夏秋冬ボードを貼り、介護者が手本を見せる。

例：「夏秋」と2つの季節を言いながら、手も「夏」と「秋」のカードを順番にたたく。

＜たたき方の例＞
春夏、夏春、夏秋、
秋夏、春冬、冬春、
秋冬、冬秋

ボードの右側（夏・冬）は右手で、左側（春・秋）は左手でたたく。

夏秋

2 手本どおりにカードをたたく

介護者の手本どおりにカードをたたく。慣れるまで同じパターンを2〜3回くり返す。

3 歌いながらカードをたたく

慣れてきたら、歌いながらカードをたたく。例えば、「春よ来い」を歌いながら、春→夏→秋→冬の順でたたく。

＜歌の例＞
「夏の思い出」を歌いながら、
夏→秋→冬→春
「もみじ」を歌いながら、
秋→冬→春→夏
「雪」を歌いながら、
冬→春→夏→秋

春よ来い

早く来い

介護者が前に出て、
手本を見せます。

冬春

手本を見ながら手を動かします。

せーの　冬春

どこに手を置くのか考えながら体を動かす
ことで、同時処理の能力を向上させます。
また、軽い有酸素運動を取り入れることも
認知機能に効果的だといわれています。

♫ 春よ来い　早く来い♪ ♫

慣れてきたら、歌いながら
カードをたたきます。歌に
よってたたく順番が変わる
ので脳トレになります。

配慮のポイント

動きについていくのが難しい
人は、介護者が手を添えてく
り返し行いましょう。くり返
し行うことで、動きに慣れ自
然とできるようになります。

趣味出しじゃんけん

グー、チョキ、パーの絵柄にボールを蹴って勝敗を決めるじゃんけんゲーム。
勝った人が負けた人に趣味を聞きます。

[ねらい]
- 利用者同士で趣味を聞き合うことで、他者への理解を深めながら、その人の興味・関心を引き出す。
- ボールを蹴ることで、下肢の筋力を鍛える。
- 競い合うことで高揚感を得る。

[隊形]

1対1で、向かい合って座る。あいだにじゃんけんシートを置く。

[用意するもの]

・じゃんけんシート
新聞紙2枚を貼り合わせる。3分割する線を引き、グー、チョキ、パーを描いた絵を貼る。
・空気を少し抜いたビーチボール（2個）

1 ボールを蹴る

介護者の合図で、シートの絵柄に向かって2人同時にボールを蹴る。

2 勝敗を決める

ボールがのったところの絵柄でじゃんけんをする。例えば、片方がグー、もう片方がパーにのったら、パーの勝ち。先に3回勝ったほうの勝ち。

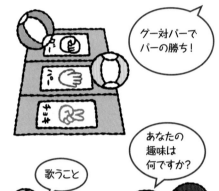

グー対パーでパーの勝ち！

3 趣味を聞く

勝った人が負けた人に趣味を聞く。利用者が聞きやすいように、介護者がそばについて声かけする。

歌うこと

あなたの趣味は何ですか？

型紙
p.87

配慮のポイント

ねらって蹴り分けられない場合は、写真のように3枚ずつ絵を貼ったシートを使うとよいでしょう。

介護者の「いちにのさん！」の合図で同時にボールを蹴ります。

あなたの趣味は何ですか？

食べること

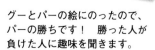

話を引き出すコツ

現在の趣味を答えることが難しい場合は、過去のことを聞いてみましょう。

グーとパーの絵にのったので、パーの勝ちです！　勝った人が負けた人に趣味を聞きます。

すぐに作れる
コピー用型紙集

型紙
p.000
このマークがついているレクリエーションの型紙です。コピーしてご利用ください。

p.81〜87の型紙イラストは、好きな大きさにコピーして、色を塗ってお使いください。

ドクロ

p.8 カエルちゃんフリースロー

カエル

p.32 栗落としゲーム

栗

p.44 花見で GO ！

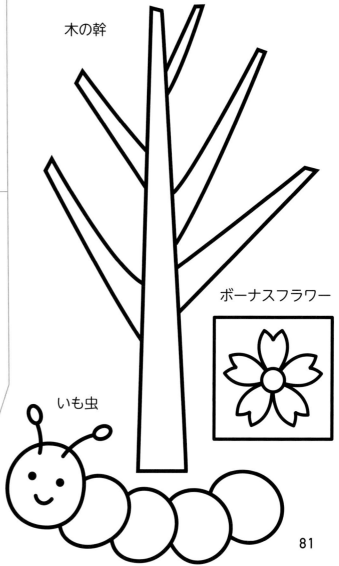

木の幹

ボーナスフラワー

いも虫

p.38 もも上げ大相撲

力士

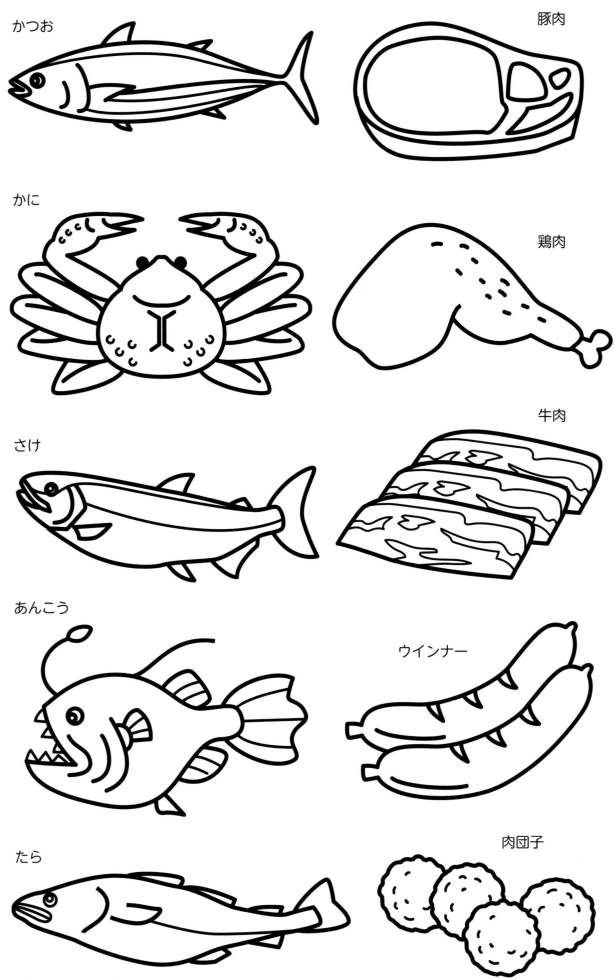

かつお

豚肉

かに

鶏肉

牛肉

さけ

あんこう

ウインナー

たら

肉団子

p.54 買い物でGO！（続き）

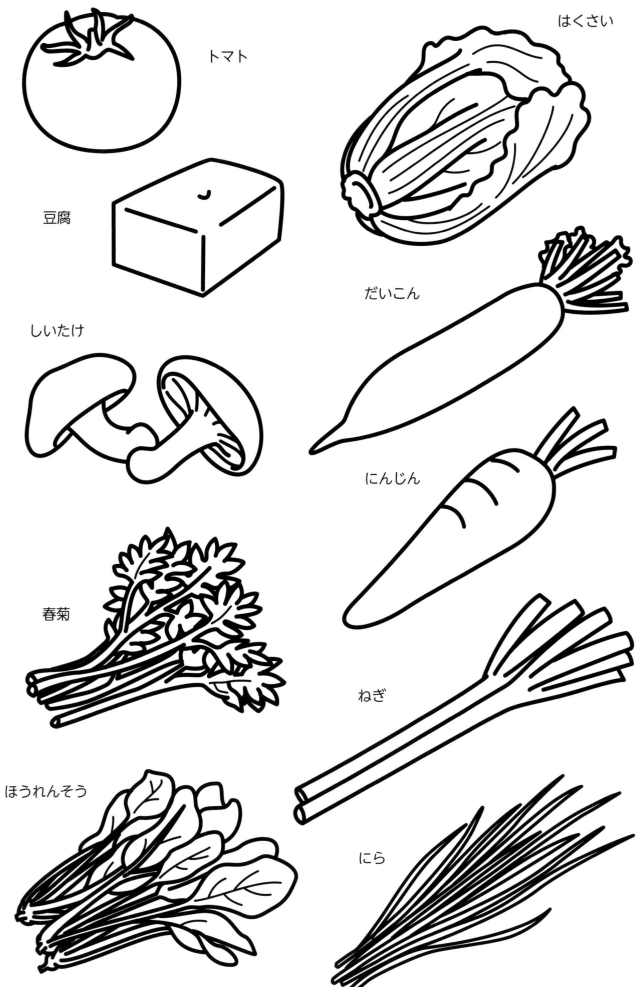

トマト

はくさい

豆腐

だいこん

しいたけ

にんじん

春菊

ねぎ

ほうれんそう

にら

83

車のシート

セダン

オープンカー

空飛ぶ車

リヤカー

4WD

リムジンカー

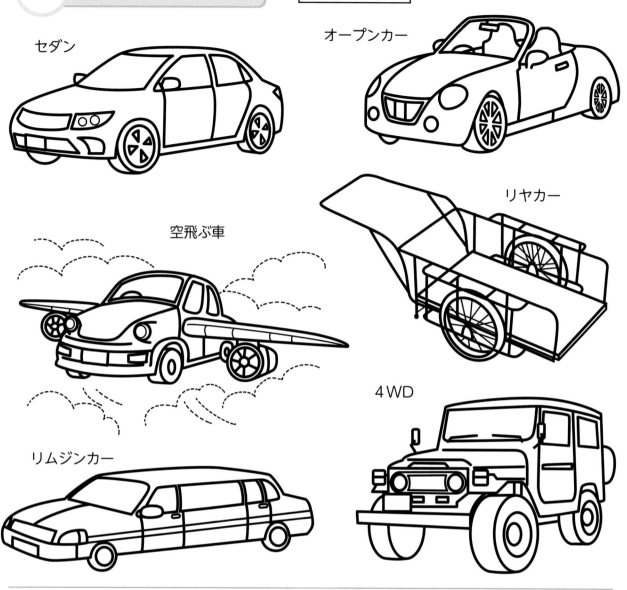

家電のシート

冷蔵庫

オーブンレンジ

ドラム式洗濯機

ホームシアター

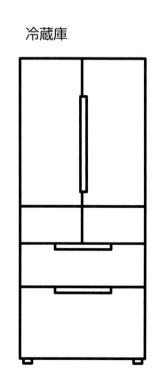
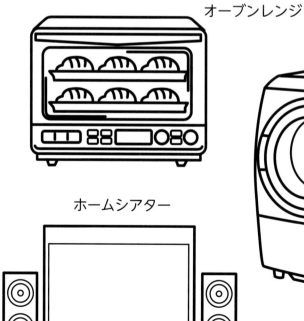

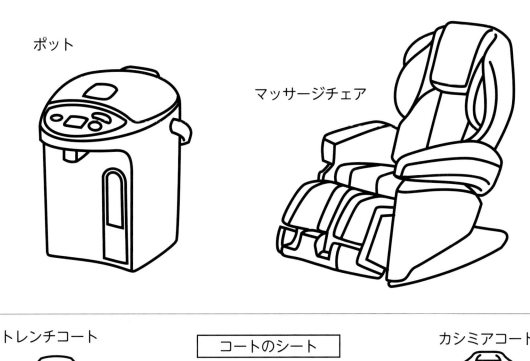

ポット

マッサージチェア

トレンチコート

コートのシート

ダッフルコート

カシミアコート

フード付きコート

雨がっぱ

毛皮のコート

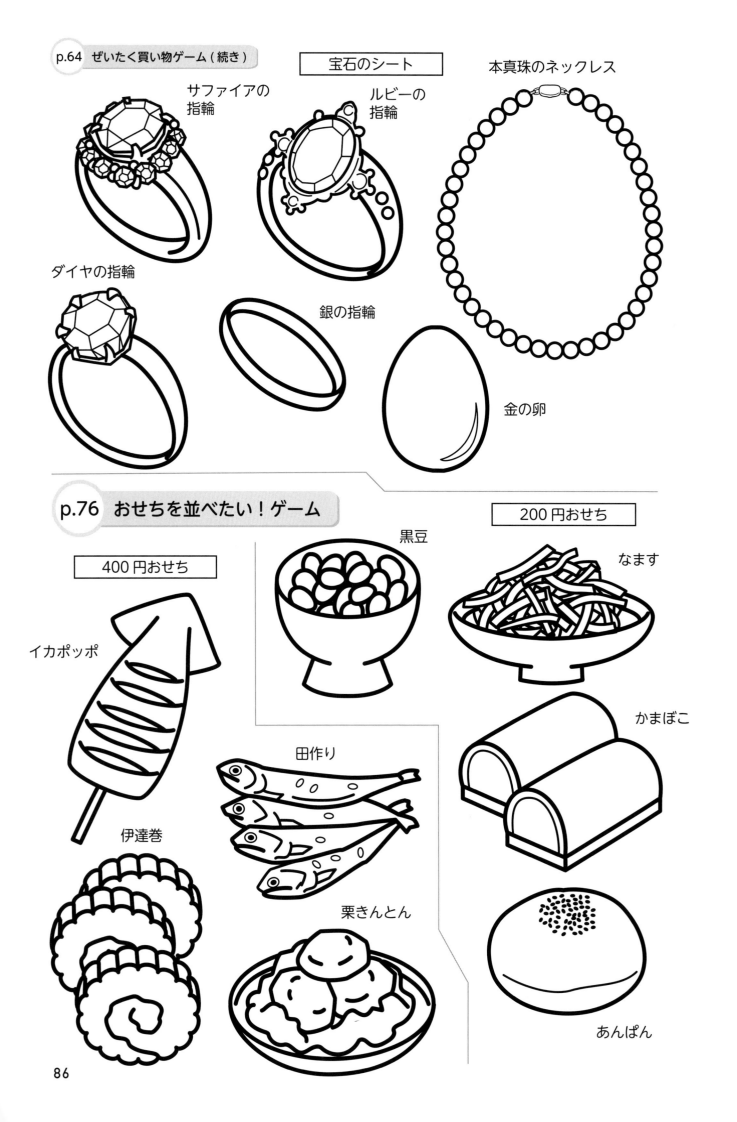

宝石のシート

サファイアの
指輪

ルビーの
指輪

本真珠のネックレス

ダイヤの指輪

銀の指輪

金の卵

p.76 おせちを並べたい！ゲーム

200円おせち

黒豆

なます

400円おせち

イカポッポ

かまぼこ

田作り

伊達巻

栗きんとん

あんぱん

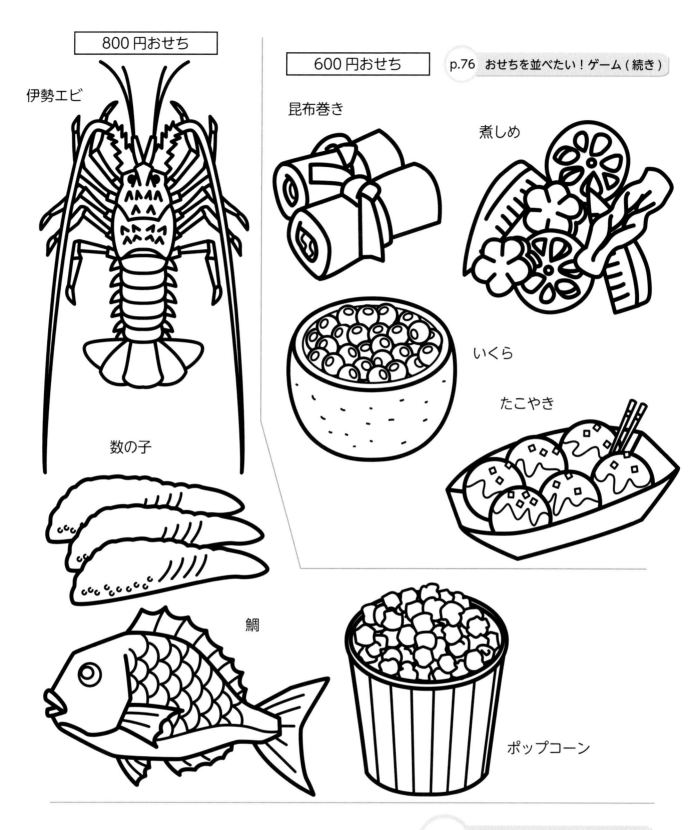

800円おせち

伊勢エビ

数の子

鯛

600円おせち

昆布巻き

煮しめ

いくら

たこやき

ポップコーン

p.76 おせちを並べたい！ゲーム（続き）

p.80 趣味出しじゃんけん

グー

チョキ

パー

監修　尾渡順子

医療法人中村会　介護老人保健施設あさひな
認知症介護レクリエーション実践研究会。
介護福祉士、社会福祉士、介護支援専門員、認知
症ケア上級専門士、介護予防指導士、介護教員資
格等を保持。2014年、アメリカ・オレゴン州のポ
ートランドコミュニティカレッジにてアクティビ
ティディレクター資格取得。介護職として働くか
たわら、介護現場での実践者として日本各地でレ
ク研修を行っている。
『認知症の人もいっしょにできる高齢者レクリエ
ーション』（講談社）など著書多数。

レクリエブックス

高齢者のための機能向上レクリエーション
厳選ゲームレクが37点　オールカラー！

発行日　2023年2月15日　初版第1刷発行

監　修	尾渡順子	表紙デザイン	村沢尚美（NAOMI DESIGN AGENCY）	
発行者	石垣今日子	本文デザイン	宮崎恭子（NAOMI DESIGN AGENCY）	
発　行	株式会社世界文化ライフケア	表紙イラスト	丹下京子	
発行・発売	株式会社世界文化社	本文イラスト	フジサワミカ　みやれいこ　オカムラナオミ	
	〒102-8194		ささきともえ　福井典子　（資）イラストメーカーズ	
	東京都千代田区九段北4-2-29	型紙イラスト	大森裕美子	
電　話	編集部　03-3262-3913	撮　影	中村年孝	
	販売部　03-3262-5115		西山航・伏見早織・久保田彩子	
印刷・製本	図書印刷株式会社		（世界文化ホールディングス）	
		撮影協力	社会福祉法人興寿会　特別養護老人ホーム興寿苑、	
			老人デイサービス興寿苑	
			えびすデイサービスセンター	
			医療法人中村会　介護老人保健施設あさひな	
		編集協力	後藤ゆい	
		校　正	株式会社円水社	
		製　版	株式会社明昌堂	
		企画編集	小倉良江	

※本書は、介護レクリエーション情報誌『レクリエ』2017年〜2019年掲載分に、
　一部加筆・修正を行い再編集したものです。